# 科技中介组织与
# 区域创新体系研究

王庆金·曹艳华·周 雪·著

KEJI ZHONGJIE ZUZHI
YU QUYU CHUANGXIN
TIXI YANJIU

人民出版社

# 目　录

# 摘　要

作为区域创新体系的重要组成部分,科技中介组织在区域创新体系中有效运行是区域创新体系建设的重要内容之一。科技中介组织在区域创新系统中发挥着重要的"黏合剂"作用,发挥着桥梁和纽带作用,把科技与经济紧密联系起来,把科学技术有效地转化为现实的生产力。科技中介组织在区域创新体系中的良好运行,协调了政府、大学、科研结构和企业等其他创新主体的关系,整合并节约了资源,实现了科技资源的有效转化。

科技经济的又好又快发展对科技中介组织提出了新要求,区域创新系统的完善也对科技中介组织提出了越来越高的要求。目前科技中介组织在区域创新体系中的运行还存在一些问题,科技中介组织与政府、大学、科研机构及企业之间的良性互动、协同发展还存在某些不足,进而影响了区域创新系统有效运转。基于此,顺应国家政策和经济发展形式的需要,利用系统论和博弈论的相关理论和方法,对科技中介组织在区域创新体系中的运行进行研究,系统分析科技中介组织同政府、大学、科研机构及企业等区域创新主体互动协同关系,促进区域创新系统的有效运转,统筹和分享创新资源,增强区域核心竞争力,进而促进我国经济又好又快发展具有重要的意义。

本研究主要包括如下几个方面内容:

第一,对科技中介组织内涵及在区域创新体系中的运作机制进行了分析,探讨了科技中介组织在区域创新体系中作用机制,分析了科技中介组织类别和功能。

并从科技中介组织政策法规、管理体制和机制等不完善;科技中介组织在区域创新体系中服务体系不健全;科技中介组织没有与其他区域创新主体形成协同发展网络体系等几个方面分析了科技中介组织在区域创新体系运行中存在的问题。

第二,分析了美国及欧洲等国外科技中介组织在区域创新体系中的运行经验,同时探讨了国内北京、上海、深圳等发达城市以及江苏省等国内省市科技中介组织在区域创新体系中运行经验。

第三,对科技中介组织在区域创新体系中运行进行了系统分析,构建了区域创新系统结构模型,探讨了区域创新系统中科技中介组织、政府、大学、科研机构及企业等区域创新主体的系统关系,并且分析了区域创新系统发展模式。另外,进行了区域创新主体运行的系统动力学分析,进行了科技中介在区域创新体系运行的系统动力学分析。

第四,分析了科技中介组织在区域创新体系中运行的评价指标构建原则,建立了科技中介组织在区域创新体系中运行的评价指标体系,并构建了科技中介组织在区域创新体系中运行的评价模型。同时进行科技中介组织与区域创新主体互动发展灰色关联分析,对科技中介组织与区域创新主体协同发展的水平做出等级评价。

第五,利用博弈论相关理论和方法,对科技中介组织与区域创新主体进行了博弈分析,建立了科技中介组织与区域创新主体协同发展隐性知识分享博弈模型,科技中介组织与区域创新主体协同发展演化博弈模型以及科技中介组织与区域创新主体协同发展的合作博弈模型等。

第六,从以下几个方面提出科技中介组织在区域创新体系中有效运行的对策建议:完善管理体制、机制以及投融资机制;延伸科技中介组织在创新体系中服务范围;建立科技中介组织与区域创新主体间的互动发展机制;建立科技中介组织与区域创新主体间的知识分享机制;重视科技中介组织在区域创新体系中有效的运行的人才保障体系建设;加强科技中介组织的聚集区——科技园区建设。

最后,对山东半岛蓝色经济区的青岛市和潍坊市的科技中介组织在区域创新体系中的运行进行了研究。

关键词:科技中介组织,区域创新体系,运行机制

# 前　言

　　科技中介组织是区域创新体系的重要组成部分,科技中介组织作为知识密集型的现代服务业,在区域创新体系中发挥着桥梁和纽带作用,把科技与经济紧密联系起来,在区域创新体系中发挥着科技评估、技术的扩散、成果的转化、创新资源配置、创新决策和管理咨询等作用,在转变经济增长方式,调节产业结构中也发挥着重要的作用。科技中介组织在区域创新体系中的良好运行,协调了政府、大学、科研机构和企业等其他创新主体的关系,整合并节约了资源,实现了科技资源的有效转化。

　　本书在调研的基础上,结合对国外相关资料的分析,对科技中介组织在区域创新体系中的运行进行了系统的研究,探讨了科技中介组织在区域创新体系中运行的相关机理,并提出了科技中介组织在区域创新体系中有效运行的对策建议,这对促进区域创新体系的有效运行,提升区域创新系统的运行效率具有重要意义。

　　本书为科技中介组织以及政府、大学、科研机构及企业等区域创新主体的互动发展提供了一定的指导,并助推各创新主体又好又快发展,实现区域经济体系的有效运转。

　　写作本书是一次新的探索,且由于时间紧,任务重,本书的缺点和错误在所难免,敬请广大读者批评指正!

# 第一章 绪 论

## 第一节 研究的目的和意义

改革开放以来,随着我国经济社会发展水平的提升,经济增长方式正发生着深刻的变化,转变经济增长方式,调节产业结构成为我国经济发展的重点。作为知识密集型的现代服务业,科技中介组织是区域创新系统的重要组成部分,在区域创新系统中发挥着科技评估、技术的扩散、成果的转化、创新资源配置、创新决策和管理咨询等作用,在转变经济增长方式,调节产业结构中发挥着重要的作用。科技中介组织的形式多样,主要有生产力促进中心、科技企业孵化器、技术和产权等交易市场、工程中心、评估中心以及管理咨询机构等多种形式。

21 世纪成为知识经济的时代,知识的转移和传播成为新经济发展的主要力量。随着知识经济的发展,区域经济的发展和区域竞争力的提升也成了新时代经济发展的热点问题之一。要促进区域经济的发展,区域创新是个关键。自从 1987 年英国经济学家弗里曼提出国家创新体系后,人们对国家创新体系非常重视,并形成了新的创新体系:区域创新体系。2006 年,胡锦涛总书记在全国科技大会上明确指出,"要建设各具特色优势的区域创新体系"。加强区域创新体系建设,促进区域创新主体之间的协同发展,是提高区域创新能力和区域竞争能力的重要保证,也是建设创新型国家的关键。党的十七大报告把"提高自主创新能力,建设创新型国家"放在促进国民经济又好又快发展的八项重点工作之首。区域创新体系主要包括企业、大学、科研机构、中介组织及政府。1997 年世界经合组织在《国家创新体系》研究中指出,创新的实质是不同的创新主体间相互作用、相互耦合的结果。因此,为了促进区域创新系统的有效运转,企业、大学、科研机构、中介组织及政府的相互作用发挥着非常重要的作用。政府主要是完善市场经济,政府通过制定完善的政策制度体系发挥宏观调控的作用,调节社会资源,引导和促进区域创新。大学和科研机构为企业提供科研成果,为社会培养人才,是区域创新的重要智力支持者。企业是社会物质产品的最终提供者,是区域创新的重要物质提供者。科技中介组织在区域创新系统中发挥着非常重要的"黏合剂"作用。我国社会主义市场经济逐步完善的过程,也是科技中介组织逐步发展和成熟的过程,在我国社会主义市场经济建设中发挥着了重要的作用。尤其是自 2003 年科技中介组织被国家科技部确立为"建设年"以来,科技中介组织的建设成为促进高新技术产业发展,进而促进区域经济发展的备受关注的问题。

作为区域创新体系的重要组成部分,科技中介组织在区域创新体系中有效发挥其作用,科学的运行,是区域创新体系建设的主要内容之一;科技中介组织与其他创新主体的互动耦合,协同发展,是提高自主创新能力,完善区域创新系统的必然选择。科技中介组织在区域创新系统发挥着重要的"黏合剂"作用,发挥着桥梁和纽带作用,把科技与经济紧密联系起来,把科学技术有效地转化为现实的生产力。因此,科技中介组织在区域创新体系中的良好运行,协调了政府、大学、科研结构和企业等其他创新主体的关系,整合并节约了资源,实现了科技资源的有效转化。

科技经济的又好又快发展对科技中介组织提出了新要求,区域创新系统的完善也对科技中介组织提出了越来越高的要求。尽管科技中介组织的职能发挥已见成效,然而我国科技中介组织服务业的发展尚处于初级阶段,各种相关的制度和发展条件尚未实现,因此,科技中介组织在区域创新系统中还不能有效的运行,科技中介组织与政府、大学、科研机构及企业等区域创新主体的互动协同发展还存在很多问题,这就导致了尽管我国科技中介组织数量上已经有了一定规模,但是科技中介组织在区域创新系统的运行中出现了服务功能弱化、资源整合不足与其他创新主体协同效率不高等系列问题。

科技中介组织在区域创新体系中的运行还存在一些问题,科技中介组织与政府、大学、科研机构及企业之间的良性互动、协同发展还存在某些不足,进而影响了区域创新系统有效运转。首先,对于科技中介组织在区域创新系统中的运行机理,科技中介组织与其他创新主体的互动协同实质,以及科技中介组织与其他创新主体协同发展的保障体系建设仍然需要完善。其次,我国的科技中介组织服务业的管理体制和机制还不是很完善,有些科技中介组织还有"官办"的色彩。再次,科技中介组织过于散乱不集中,服务功能软化;科技中介人才的不足也是制约科技中介组织在区域创新体系中的运行的主要问题之一。

科技中介组织需要统筹发展,需要行业协会的引导和规范,科技中介组织与区域创新主体的协同发展应该是科技中介组织服务业的发展方向,需要各类科技中介组织服务机构有序的开展服务活动。

因此,顺应国家政策和经济发展形式的需要,利用系统论和博弈论的相关理论和方法,对科技中介组织在区域创新体系中的运行进行研究,系统分析科技中介组织同政府、大学、科研机构及企业等区域创新主体互动协同关系,对促进区域创新系统的有效运转,统筹和分享创新资源,增强区域核心竞争力,进而促进我国经济又好又快发展具有重要的意义。

## 第二节　国内外研究动态

### 一、区域创新体系的相关研究

区域创新体系的发展是来自国家创新体系的发展。国家创新体系相关理论最早可以回归到制度经济学和熊彼特创新理论。但是直到1987年英国经济学家弗里曼正式提出并完善了区域创新体系概念,并指出区域创新体系的主体要素包括区域内政府、企业、大学(科研机构)及中介组织等。1997年世界经合组织在《国家创新体系》中明确了科技中介组织在国家创新体系中的位置和运行机理并指出国家创新体系是由大学、企业、政府、科研机构及中介组织等不同区域创新主体间互动作用。颜慧超(2007)指出区域创新体系是英国经济学家弗里曼提出国家创新体系之后的一个新的创新体系,区域创新体系的主体要素包括区域内的企业、科研机构、大学、中介服务机构和政府。马玉根(2007)指出区域创新系统是指区域网络各个节点在协同作用中结网并进行创新,区域的创新环境对区域创新系统有着重要的影响作用,并指出区域创新系统是创新网络与区域创新环境协同影响的系统,区域创新系统主体包括区域内的政府、企业、大学科研机构以及科技中介组织。

### 二、科技中介组织功能等相关研究

Dinyar Lalkaka(2001)研究认为科技中介组织研究更重视科技中介组织微观和宏观方面,重点在科技中介组织的功能及运作机制等方面,对科技中介组织在区域创新体系中运行的相关研究不是很多。相关的研究成果中,Annalee Saxenian(1999)的研究指出科技中介组织的发展离不开社会网络。Hisrich,R. D. 和 Smilor(1998)研究指出人才、技术和成果的转化是科技中介组织发展的关键因素。Suma. S. Athreye(2001)研究指出在没有政府干预的条件下,剑桥与硅谷区域尽管在环境上有一定的相似性,但是剑桥没有产生与硅谷相同的经济效益和社会效益,剑桥与硅谷差别主要体现在从业人员、区域GDP 以及大公司的数量方面。刘锋、王永杰、陈光(2005)等分析了国内外科技中介发展历程,探讨了国内外科技中介发展特征,并探讨了我国科技中介组织发展现状、存在问题以及未来的发展趋势等。徐雨森、张诗莹、张世君(2006)将技术中介组织分为知识应用服务类技术中介(即各类孵化器)、知识生产服务类技术中介以及知识转移服务类技术中介,并研究指出技术中介组织的重要功能是为知识生产、知识转移、知识应用等环节提供服务,在其服务过程中直接或间接地从事知识的生产、转移和应用。顾建光(2006)的研究指出在现代国家创新体系中,科技中介组织成为不可或缺的组成部分,是促成研究机构和企业以及企业之间共同进行技术创新的重要力量,并提出了培育科技中介市场提升科技中介组织的专业化服务和协同作战能力等对策建议。纪德尚,孙远太(2007)研究指出科技中介组织是国家创新体系中的重要组成部分,研究了科技中介组织的作用,在国家创新体系中发挥着加速科技成果转化、优化科技资源配置、推动企业科技创新等作用。阎俊爱(2007)通过对国外几个典型发达国家科技中介服务业发展的背景、现状、模式和机制进行了分析,提出了促进我国科技中介服务业发展的对策建议。马运来(2007)通过系统分析科技中介服务业的相关特征和基于美国、欧盟和日本科技中介组织的国际比较研究,提出了我国科技中介组织发展的对策建议。包迪鸿、李金林(2007)研究指出科技中介组织能有效进行科研成果转化、科技服务,在技术需求者与持有者之间发挥着重要的作用,是提高国家自主创新能力的重要力量,并提出了加快我国科技中介组织发展的对策建议。

### 三、科技中介组织运行机制的相关研究

科技中介组织的运行机制,可以从两方面来理解,从广义上讲,科技中介组织的运行机制是指从整个行业的角度,科技孵化器、生产力促进中心等各种不同类型的科技中介组织应该以怎样的局面存在,是各自为政还是结成同盟,这一层面并未深入到科技中介组织的具体工作,而是从行业的视角展开;从狭义上讲,科技中介组织的运行机制是科技中介组织的内部操作和运行问题,科技中介组织的类型丰富,工作内容广泛,其运行需要涉及人、财、物各类资源,狭义的科技中介组织运行机制的研究目标就是使科技中介组织的各项工作能够整齐有序的进行,提高各项资源的利用效率。

学者对科技中介组织的运行机制的研究从各种不同的角度展开。Bart Clarysse 等(2005)分析了欧洲科研机构的孵化器类型。彭云等(2008)创造性地提出了科技中介组织机构应走合作联盟之路,并提出了科技中介组织联盟的价值目标、协调机制、决策程序、信用制度、约束机制和利益分配。Anna Bergek 和 Charlotte Norrman(2008)构建了一个孵化器运行的框架。Michael Schwartz 和 Christoph Hornych(2008)对德国中部一个孵化器的运行进行了分析评估,并对其战略进行了评价。白洁(2009)利用系统论的原理,主要运用了要素分析、环境分析和功能分析的方法,构建了科技中介组织运行机制的分析模型。江永众等(2010)在回顾科技中介组织、科技中介组织服务体系、科技中介组织服务体系构建等文献的基础上,分析了制约科技中介组织服务体系形成的因素,阐述了科技中介组织服务体系的形成机制。

一些学者从科技中介组织在区域创新系统的功能定位入手研究了科技中介组织的运行机制。K. F. Chan 和 Theresa Lau(2005)评估了科技孵化器在科技园区中运作的各种策略。李俊和于会萍(2008)对科技中介组织机构的运作模式进行了探讨,划分出了非营利性科技中介组织运作模式和营利性科技中介组织的运作模式,并指出大多数的科技中介组织采取的是商业化和非营利相混合的运行模式。简兆权和刘荣(2010)按照知识生产到知识应用的过程,深入探究科技中介组织在不同知识转移中的路径作用及在各路径的作用机制,并分析了知识产生到知识应用全过程中所涉及的主体——转移的知识源、知识、媒介、知识受体。同时根据知识产生到知识应用全过程中所涉及的主体的不同来分析区域创新系统知识转移的主要路径:无中介产学研路径;无

中介企业合作联盟;基于交易型中介产学研路径;基于交易型中介企业合作联盟;孵化器中介产学研路径;孵化器中介企业合作联盟。孙亮和白献阳(2010)讨论了智力资源管理的相关问题和科技中介组织智力资源的群化、融合、外化及内化的管理对策。

也有学者结合国外科技中介组织的发展经验,研究了科技中介组织的运行机制。赵筱媛(2008)以印度、美国、韩国的典型软件集聚区为例,系统梳理和分析了科技中介组织机构在这些软件集聚区发展过程中的运作机制和服务模式。王健和王树恩(2009)借鉴国外科技中介组织建设的经验,研究了我国科技中介组织机构管理机制和运行模式等问题。李文元等(2010)分析了科技中介组织分为事业管理和企业化管理两种模式,并指出根据国外科技中介组织发展模式的经验,应建立企业化管理为主的科技中介组织管理模式,并对科技中介组织机构管理模式的演进模式进行了系统的研究。

总结以往的研究内容,学者对科技中介组织运行机制所作的研究十分广阔,在广义的方面,研究了科技中介组织联盟发展,在狭义方面研究了科技中介组织的管理模式以及智力资源的开发与利用等众多方面。虽然有学者从科技中介组织在区域创新系统中的功能发挥入手来探究科技中介组织的运行机制,但是缺少根据科技中介组织与区域创新主体协同发展水平来研究科技中介组织运行机制的研究。

为了完善科技中介组织的运行机制,许多学者研究了发展科技中介组织的对策。其中,以下学者开门见山地给出了改善科技中介组织运行机制的策略:Leora Rothschild 和 Asaf Darr(2005)研究了一个以色列的孵化器案例,并提出了孵化器与创新网络的发展建议。白洁(2009)提出了优化与规范运行机制的相关建议。江永众等(2010)从完善组织机制、重视外部环境建设、增强造血机能、发挥推动和引导机制作用等方面提出了促进科技中介组织服务体系发展的政策建议。

许多学者也从科技中介组织发展的现状入手,提出了相应的发展对策。吴华和王超(2005)简述了我国科技中介组织服务组织的发展现状,分析了影响我国科技中介组织发展的制度问题,并就加强科技中介组织服务体系的制度创新提出了建议。熊小奇(2007)探讨了我国科技中介组织发展面临的主要问题:区域结构不平衡;科技中介组织服务业功能定位不明确;缺少有竞争实力的科技中介组织;科技中介组织服务业发展的软环境不完善等。并从以下几个方面提出加快科技中介组织发展的对策建议:构建科技中介组织信息服务网络,以增强区域创新主体间联系,以加强区域间以及科技中介组织间联系,加强我国本土企业与跨国公司之间联系等。张仁开等(2007)研究认为我国科技中介组织服务体系面临着发展不平衡、行业规模小以及服务体系不完善等问题。针对科技中介组织发展面临的问题,提出了如下的对策建议:促使科技中介组织专业化、规范化和规模化方向发展,完善政策法律法规,转变政府职能、理顺管理体制和机制,推进专业人才建设,加快落后地区科技中介组织的发展。孙芃(2009)从我国现阶段科技中介组织发展的面临环境,科技中介组织人员素质以及社会对科技中介组织认识等方面阐述了科技中介组织在区域创新体系中运行现状,并从科技中介组织自身建设、创造有利于科技中介组织发展环境等方面提出了科技中介组织发展的对策建议。许伟(2009)认为在政府的高度重视下,我国科技中介组织服务体系逐步完善,科技中介组织在区域创新体系中的运行也逐步完善。但是,区位差异、政策以及市场因素等原因,我国科技中介组织在区域布局上不平衡,有些科技中介组织存在服务质量低等问题。并从政策法律、投融资体系、服务体系等方面提出促进科技中介组织发展、完善科技中介组织运行机制的对策建议。

有些学者借鉴国际上科技中介组织的建设经验,为完善我国科技中介组织运行机制提出了建议。刘锋等(2006)在回顾国内外科技中介组织发展历程的基础上,对国内外科技中介组织发展的特点进行了分析,并研究了我国科技中介组织发展现状、所处的阶段以及发展趋势等。程琦(2009)通过对美国、德国、日本三国科技中介组织管理状况的研究,指出了解国外科技中介组织发展状况,分析国外值得我国借鉴的先进经验,进一步完善我国科技中介组织运行机制。张宏军(2009)分析了我国科技中介组织在政策环境、人员素质、职能边界、信息获取等方面存在系列问题,借鉴发达国家科技中介组织发展的经验,提出了通过政府行为规范化、人才队伍专业化、运作机制市场化、信息共享网络化等促进科技中介组织发展、完善科技中介组织运行机制的对策建议。

还有的学者利用各种研究方法,从其他多种不同角度为促进科技中介组织发展出谋划策。阎高程和蒋盛森(2005)从法律调控的角度针对目前科技中介组织服务中存在的问题,论述了要从主体、行为、责任三个方面对我国科技中介组织业进行有效的规范,并对如何规范科技中介组织的行为提出了相应的对策建议。李欣和邹礼瑞(2008)从动力机制的角度,研究了科技中介组织体系发展的内力、科技中介组织体系发展的外力和阻力,并提出了我国科技中介组织加快发展服务体系的对策建议。刘其赟(2009)阐述了我国高校科技中介组织服务体系的内涵、发展现状,并结合新制度经济学的交易费用、制度变迁理论、产权理论等分析了大学科技中介组织发展的理论基础,最后基于科技中介组织发展的理论基础,提出了完善大学科技中介组织服务体系的对策建议。冯秀芬(2009)着重提出了完善行业协会对科技中介组织机构管理的建议。罗公利(2008)分析了山东省科技中介的发展现状和存在的问题,并提出了加快山东省科技中介服务机构发展的对策。边伟军和罗公利(2009)进行了调查研究,并利用熵权系数法对调查数据进行处理,发现影响科技中介组织服务机构能力建设的关键因素是政府因素和科技中介组织自身因素,并提出了发挥政府主导作用、增强机构主体实力、加强我国科技中介组织能力建设的对策建议。程琦(2009)运用"选择棒"的分析方法对我国科技中介组织管理模式进行了重新定位,指出应采取以行业协会为主体、政府综合经济管理部门进行宏观调控的行业自律管理模式,并提出了相应的对策建议。

大多数的研究是针对科技中介组织发展的现状和所表现出的问题展开的,提出的建议涉及法律以及政策等各个方面等。但是对科技中介组织在区域创新体系中的运行的相关研究不多,通过建立科技中介组织与区域创新主体协同发展的模型,来分析科技中介组织在区域创新体系中的运行相关机理,进而提出科技中介组织在区域创新体系中有效运行的对策建议的研究不足。

**四、科技中介组织在区域创新体系中运行的相关研究**

对于科技中介组织在区域创新体系中运行,科技中介组织与政府、企业、大学及科研机构等区域创新主体的互动关系,国内外学者已经进行了相关探索。Min-Wei Lin、Barry Bozeman(2006)和 Rachel Levy(2009)研究认为,区域创新体系中大学及科研机构、企业、政府和科技中介之间呈现显著的利益相关性。Min-Wei Lin、Barry Bozeman(2006)和 Hall、B. H.(2001)研究认为企业及大学科研机构是创新源泉,中介是纽带,政府是平台。Spyros Arvanitis、Nora

Sydow、Martin Woerter(2008)研究认为大学科研机构与企业之间科技供求关系是核心,而政府和科技中介起到重要辅助服务作用,如图1示。

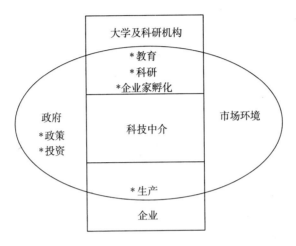

**图1—1　大学及科研机构、企业、政府和科技中介构成的区域创新系统**

　　Hans L. etc 等(2008)认为科技成果对企业创新和发展有正向影响,从而推动区域创新体系成长。Bing 等(2007)调查了清华大学 2000—2005 年间的研发联盟情况,论证了产学研合作的良性发展循环。Levy 等(2009)调查了1990—2002 年间 1000 多家欧洲企业和 Louis Pasteur 大学的合作经历,指出产学研合作的重要意义和形成途径。Poh-Kam(2007)结合新加坡国立大学对生物医学商业化的成功案例,论证了政府的适当参与会改善产学研合作关系和促进区域创新体系健康发展。搭建产学研联盟,发展区域创新体系已落实到了许多国家的政策层面上,然而,体系效益并非确定,Klevorick 等(1995)用"知识流"衡量高校科研产出的商业价值,发现其对绝大部分产业的推动作用有限。Medda(2006)发现企—企合作回报明显,而企—校合作却并没有显著提升生产力。Elyse(2006)通过对美国高校比较研究,发现不同高校在将科研成果转化为区域经济产出的能力上差别很大。颜慧超(2007)分析了区域创新与科技中介的内在联系,并且提出了促进科技中介发展的策略。李柏洲、苏屹(2009)对区域创新系统中政府与企业的合作关系进行了博弈分析。吴开松(2007)等针对科技中介作为高新区网络中的重要组成部分,分析了其"黏合剂"作用的发挥。刘萨沙(2003)研究并论述了加快建立符合本土需要、与国际接轨的、规模化、专业化科技中介服务体系对于提高我国整体科技创新能力的重要意义。赵顺龙(2008)分析了科技中介发展过程中存在的政府行为问题。曾茜(2009)分析了区域创新能力的现状,并对其进行了多级综合模糊评价。在以上学者相关研究基础上,采用多层次综合模糊评价法建立了科技中介与区域创新主体的协同发展水平评价模型。吴启运(2008)分析了阻碍高校成果转化的因素和我国科技中介的发展现状,阐述了我国发展科技中介的必要性,并提出了加大力度构筑我国科技中介服务体系的建议。

科技中介组织与区域创新主体协同作用发挥的相关研究中,大多学者认为科技中介组织的出现和发展为创新的进行注入了新的生命力,与政府、企业、大学和科研相互协同在区域创新系统中发挥着重要的作用。

科技中介组织机构是区域创新系统的重要组成部分,在区域创新系统中发挥着不可替代的作用,许多学者从不同的角度探讨了科技中介组织与区域创新主体的协同作用的发挥。从创新系统的角度,王炳才(2005)指出科技中介组织服务是一种典型的知识密集型商业服务,并提出要继续深化体制改革、改善研究与开发中介服务、加强创新体系研究是促进区域经济发展的重要途径,是促进区域创新系统有效运行的重要途经。顾建光(2006)指出在现代国家创新体系中,科技中介组织机构成为不可或缺的组成部分,是促成研究机构和企业以及企业之间共同进行技术创新的重要力量。吴开松等(2007)认为科技中介组织是高新区创新网络的组成部分,在促进技术转移和扩散、推进产学研的深入发展方面,发挥着"黏合剂"的作用,是联结企业、研发机构、大学、政府、金融机构的桥梁和纽带。马玉根(2007)认为科技中介组织在区域创新活动中发挥着重要的作用,在区域创新系统中起到桥梁和纽带的作用,能有效促进区域创新系统的建设,提高区域创新能力和综合竞争力。具体表现是:科技中介组织发挥着联结创新主体、促进科技成果转化、优化配置资源、促进知识传播与共享、推动产业集群化发展等方面发挥着重要作用。贾建军等(2009)在科技创新已处于国家竞争的核心地位的形势下,研究了科技中介组织子系统在科技创新系统中发挥的降低成本、委托代理、监督规范、沟通主体等重要作用。Tiago Ratinho 和 Elsa Henriques(2010)分析了科技园区中科技企业孵化器的功能及作用。Joanne L. Scillitoe 和 Alok K. Chakrabarti(2010)研究了企业孵化器在协助创新中的互动作用。陈蕾(2010)以区域创新体系理论为基础,探讨了科技中介组织在区域创新体系中的作用及功能定位,研究了科技中介组织与区域创新主体间的动态关系,提出了推动科技中介组织发展以及推进区域创新系统有效运行的对策建议。另外,一些学者从诸多不同的角度研究了科技中介组织在区域创新体系运行中与区域创新主体的协同作用的发挥。Michael J. Nowak 和 Charles E. Grantham(2000)对虚拟孵化器的功能做了研究。Elias G. Carayannisa 和 Maximilian von Zedtwitzb(2005)分析了实时虚拟孵化器网络在创业发展和经济转轨中的催化剂和加速器作用。Heidrun C. Hoppe 和 Emre Ozdenoren(2005)提供了一个新的理论框架,研究新的发明创造者和使用者之间的中介机构的作用,认为中介可以提供一个机会,一个有效率的投资决策。Jeremy Howells(2006)研究了中介问题和中介机构在创新过程中的作用。刘培亭和亓昭东(2006)指出科技中介组织机构是促进科技与经济紧密结合不可缺少的纽带,是科技部门职能的持续和延伸,在推动企业的技术创新等方面发挥着重要作用。邹旋和刘英(2006)研究指出科技成果转化为现实生产力能有效提升一个国家和地区科技发展水平,因此为了促进我国经济社会又好又快的发展,应该加快科技中介组织在区域创新体系中的运行以加快科技成果转化。Kris Aerts 等(2007)主要研究了欧洲企业孵化器的关键作用,并分析了筛选企业孵化器的方法。周燕(2009)阐述了科技中介组织的特点、功能和作用,分析了科技中介组织在企业技术创新中的运作机制,探讨了企业对科技中介组织的有效需求以及促进科技中介组织发展的对策建议。刘庆(2010)探讨了科技中介组织在科技成果转化中的角色定位。赵晓广等(2010)对科技中介组织在区域创新体系中的社会功能做了探讨。

从科技中介组织与区域创新主体协同作用发挥的角度,杨爱华(2006)在分析我国科技中介组织发展现状的基础上,探讨了制约我国科技中介组织发展的问题,并提出了科技中介组织在区域创新体系中发展的对策建议。刘培亭和亓昭东(2006)指出政府在中介机构的发展过程中要加大对其政策的扶持力度,同时,中介机构要完善自身机构的建设,培养优秀的复合型人才,进行市场化运作。吴启敏和陈宝国(2007)认为随着科学技术的发展,科技中介组织在科技创新中的作用越来越重要,因此,应重视并加强和完善科技中介组织的发展机制,使科技中介组织更加能够发挥在科技创新中的作用,使科学技术有效的转换为生产力。韩霞(2008)认为要加强体制和机制创新,重视发挥政府的政策导向,完善科技中介组织服务发展的相关政策体系,重视市场机制在科技中介组织服务业发展中的主导性作用,实现科技中介组织服务的专业化和规范化发展,加快构建科技中介组织服务网络体系,不断提高中介服务的水平和效率。丛颖超(2009)指出科技中介组织作为国家创新系统的重要组成部分,需要进一步明确科技中介组织的法律地位,科学界定政府职能,完善科技中介组织的发展环境、健全促进科技中介组织发展的政策法规体系等。孙强和岳崇兴(2009)就怎样进行服务创新展开了详细的论述,提出了科技中介组织机构服务创新的具体策略。薛丁辉(2010)指出我国科技中介组织尽管发展速度比较快,但科技中介组织在区域创新体系的运行中过程中在投资主体、中介文化、服务方式、人才选拔及公众形象等方面仍存在一些问题,并且根据科技中介组织在区域创新体系的运行中存在的问题提出了相应的对策建议。

从以往的研究来看,科技中介组织在创新系统中运行研究主要体现在以下几个方面:首先,从创新系统的全局来研究,主要围绕科技中介组织在创新系统中的纽带和桥梁作用展开,研究者从国家创新系统或区域创新系统着手,阐述科技中介组织与区域创新主体协同的功能定位及作用发挥;其次,研究科技中介组织对政府、企业、大学及科研机构等主体所发挥的作用,主要侧重于科技中介组织在企业创新中的作用,以及科技中介组织如何推动科技成果的转化等;最后,研究某种科技中介组织的功能发挥。虽然学者们对科技中介组织的纽带作用达成共识,但是对于科技中介组织都在哪些方面发挥作用却没有深入研究和分析。因而,今后的研究要使用多种学科的知识进行分析,形成对科技中介组织在区域创新体系中运行的全面、系统的认识。

### 五、协同视角下的科技中介组织在区域创新体系中运行研究

国外学者 Michael porter(1980)、YvesL. Doz(1990)和 C. k. Prahalad(1990)等对协同的机理进行了研究,探讨了协同机会的识别以及如何创造协同效应等问题。如 Michael porter(1980)提出利用价值链的方法识别协同机会。C. k. Prahalad(1990)和 YvesL. Doz(1990)提出了组织成本和管理成本相比较的方法识别协同机会。蒋俊东(2004)从哈肯协同论的视角,研究了协同对现代管理的意义,并认为组织都是一个复合的协作系统,现代管理的职能就

是维护好这个协作系统,而协同论为此提供了新的视角和借鉴。秦书生(2001)研究了现代企业自组织运行的协同机制,提出现代企业的协同机制表现为各自系统相互协调、配合、相互促进,从而形成系统的有序结构。另外,在供应链协同(曹文等,2003)、战略协同(余庆生等,2000)、技术创新协同(朱祖平,1998)、高技术产业化协同(张德闲等,1997)对有关协同机理进行了一定探讨。

从协同的视角研究科技中介组织在区域创新体系中运行的成果比较少,大部分研究成果主要分析了科技中介组织在区域创新体系中的重要性。刘卫东(2003)研究指出硅谷是由斯坦福大学和高新技术企业等子系统构成的大学与地区经济协同发展系统。崔恒展(2003)研究指出科技类中介组织能在相关的企业或行业与政府之间,以及在不同行业之间以及同一行业不同企业之间发挥信息沟通的重要作用。张景安(2003)研究指出科技中介组织是国家创新体系的重要组成部分,在市场经济体制下,科技中介组织与各类创新主体和要素市场建立紧密联系,能有效降低创新风险,加速科技成果产业化,为科技创新活动提供系列重要的服务,这对于提升国家创新能力、有效培育高新技术产业和企业、推动产业结构优化升级和促进经济社会的又好又快发展具有十分重要的意义。曹洋、云涛、陈士俊(2007)研究指出政府、大学、科研院所、企业以及科技中介组织间的明确分工与密切协作是国家创新系统高效运作的前提条件,并提出了促进科技中介组织有效为中小科技企业服务,实现科技中介组织和中小科技企业协同发展的对策建议。赵琨、隋映辉(2007)在对相关理论和实际情况进行调查研究的基础上,运用综合评价和统计学方法,提出了测算科技中介与科技产业集聚互动程度及定位关键互动因素的测算方法。颜慧超(2007)在分析区域创新与科技中介组织的内在联系的基础上,提出了发展科技中介服务,促进区域经济创新的对策建议。

### 六、博弈视角下的科技中介组织与区域创新主体协同发展研究

在博弈的视角下,科技中介组织与区域创新主体如何展开互利互惠关系的研究较为缺乏,现存的研究主要从博弈分析和协同网络的构建入手。目前国内外对从博弈论的角度研究科技中介组织同政府、大学、研究机构及企业的协同发展的研究中,张铁男和杜军(2007)构建了科技中介组织与技术使用方

的博弈模型,分析了技术使用方与科技中介组织间博弈对技术供给方的相关影响。孙莹(2009)建立了科技中介组织和科技项目管理之间的博弈模型,并提出让科技中介组织参与科技计划管理,以此提高科技计划管理效率,明晰政府职能。李文元和梅强(2009)分析了中小企业技术创新面临的问题以及中小企业技术创新的动态过程,同时分析了中小企业在技术创新的各个过程中面临的主要问题,并提出了面向中小企业技术创新全过程的科技中介组织服务体系,来解决中小企业在技术创新的过程中面临的主要问题。Frank T. Rothaermela 和 Marie Thursbyb(2005)分析了大学以及企业和孵化器的知识流动对于孵化器的影响。Maura McAdam 和 Rodney McAdam(2008)针对高科技企业在初创阶段如何利用科技孵化器的资源进行了分析。Chung-Jen Chen(2009)分析了孵化器与风险投资之间的关系,以及孵化器对创业绩效的影响。唐丽艳等(2009)分析了协同创新网络的开放性、学习性、动态性、信息传递的双向性等特点,指出了协同创新网络具有提高创新效率、降低创新风险以及提供良好的文化氛围的效应。张小军(2007)通过建立校企合作的演化博弈模型,对大学和企业的合作创新过程进行了分析,指出企业和大学的创新能力、大学技术的先进性及商业化价值将影响合作创新方式的选择。李光红(2007)利用演化博弈理论对校企合作创新的演化过程进行了研究,探究了演化博弈稳定策略,分析了收益因素对演化博弈稳定策略的影响,对促进校企合作创新,提出了相应的对策建议。刘义、聂鸣(2006)通过建立博弈模型,分析区域创新系统内参与者的博弈,分析参与者共享隐性知识的可能性以及隐性知识应该怎样在这个系统内转移,在以上分析基础上,为促进隐性知识在区域创新系统内共享提出了对策建议。于全辉、孟卫东(2007)把群落内企业的创新行为博弈类比为是生物学意义上的演化博弈,建立了鹰鸽博弈模型和鹰鸽扩展博弈两个演化博弈模型,探讨了企业群落内企业技术创新行为的合作竞争性,并探讨了合作竞争创新行为在区域创新体系内有进化稳定性的特征。陈功玉、钟祖昌、邓晓岚(2006)运用演化博弈理论和方法构建了企业与企业演化博弈模型以及企业与政府演化博弈模型来分析企业技术创新行为的演化机制。蒋长流、纵玲玲(2006)运用演化博弈理论和方法,探讨了中小企业技术创新过程中企业与政府之间的博弈关系,探讨了企业技术创新过程中企业与政府之间的信息动态博弈行为,并指出政府对创新能力强的企业提供资金等支持,同时企业采取技术创新活动来实现企业与政府的共赢。闫禹、刘润(2006)运用演化博弈理论和方法,对"硅谷"模式生成和发展进行了演化博弈分析。唐丽艳等(2009)借助于协同理论,深入分析了科技中介与科技型中小企业的协同发展的模式。

　　总体来说,针对科技中介组织在区域创新体系的博弈研究不多,因此,需要通过对科技中介组织与区域创新主体互动发展现状进行分析,界定科技中介组织与区域创新主体互动协同内容,并建立博弈模型,从而确定互动协同发展的各个方面实现利益均衡的策略,进一步为科技中介组织在区域创新体系中有效运转提出有效建议。

# 第二章 科技中介组织在区域创新体系中运行现状

## 第一节 科技中介组织内涵、类别及功能

### 一、科技中介组织的发展与内涵

"中介"是事物之间相互作用的"中间体",是连接事物的纽带。中介组织有市场中介组织和社会中介组织等。市场中介组织是市场经济发展到一定阶段的产物。市场中介组织是降低交易成本,促进公平竞争,实现信息的分享和沟通,协调供需双方的关系的第三方组织。社会中介组织是依照一定的法律程序设立的,运用相关的知识和技能,按照相关的规则和程序提供相应的服务,并收取相关的费用。社会中介组织在个人和社会之间起到沟通作用,在政府与其他经济主体之间起到信息交流的作用,并协调经济主体之间的利益和行为关系。

20 世纪 50 年代以来,世界经济科技发展迅速,"科学技术是第一生产力"的作用日益显现。科学技术的发展,科技产业的发展,把科学技术与经济发展有机地结合了起来,科技和经济的发展也推动了社会的进步。随着科技经济的发展,科学技术成为商品,科技中介组织逐步出现。因此,科技中介组织是科技经济发展到一定阶段的必然产物。从科技交流中心和技术市场等科技中介组织的最初形式,到目前科技中介组织的完备体系,科技中介组织的发展伴随了有中国特色的社会主义市场经济发展的全部过程。科技中介组织的内涵主要体现在以下几个方面:

(一)参与科技成果研发全过程,促进科技成果的研发

科技成果的研发一方面需要及时了解市场的需求,在市场需求的导向下进行研发市场需求的科技成果;另一方面需要技术推动,在技术推动下研发科

技成果进而推动市场的需求。科技成果研发需要市场推动和技术推动的双向耦合,在这种双向耦合的研发体系中,从资源到人才涉及各类生产要素的流动和各类科技资源的有效配置,需要大学以及科研机构等各类创新主体的协同,因此就需要生产力促进中心和工程技术研究中心等科技中介组织参与研发的全过程。

(二)将科技和经济紧密联系,促进科技成果的转化和商业化,为科技成果的转化提供有效的支撑

为了实现科技成果的转化,实现科技成果的商业化及商品化,就需要各类科技中介组织的支撑。为了实现科技成果的科学评价,就需要各类科技评估中心等科技中介组织;为了科技成果的交易,就需要协调供需双方的技术市场、产权交易市场以及科技招投标机构;为了配置人力资源就需要人才市场等。

(三)完善市场竞争,规范区域创新主体的行为

为了规范企业等区域创新主体的行为,促进区域创新,就需要科技中介组织参与行业管理,以规范市场竞争主体的行为,为区域创新系统的高效运转创造一个良好的市场环境。

(四)培育和孵化创新型中小企业,促进区域创新系统的有效运转

区域经济的发展、区域创新系统的高效运转,就需要大量的科技型中小企业。科技型中小企业的孵化和培育需要为其提供办公场所及经营场地等硬环境以及资金、政策及管理经验的软环境,而满足这些功能,有效培育和孵化创新型中小企业,就需要科技企业孵化器(创业服务中心)等科技中介组织。

## 二、科技中介组织的分类

根据不同的标准,科技中介组织有不同的分类标准。在此,我们根据科技中介组织的功能和作用、科技中介组织的服务范围以及科技中介组织的体制等将科技中介组织分类如下:

(一)根据科技中介组织的功能和作用的不同,可以将科技中介组织分为:直接参与科技创新全过程的科技中介组织和促进科技创新的科技中介组织

直接参与科技创新全过程的科技中介组织主要是科技中介组织直接参与

科技创新的全过程,直接参与科技创新的研发,如:生产力促进中心和工程技术研究中心等。促进科技创新的科技中介组织主要是将科技与经济联系起来,促进科技成果有效的转化等。促进科技创新的科技中介组织主要有:实现技术在供需双方间有效转移,促进科技成果转化的技术市场和产权交易所以及科技招投标机构等;对技术和科技成果的价值进行科学评估,便于技术和科技成果顺利交易的科技评估中心;为科技成果的研发及转化提供信息服务和知识产权服务的科技情报信息中心和知识产权事务中心;为科技成果的转化筹措资金,帮助科技成果顺利转化的科技风险投资公司;促进科技创新所需的人力资源的有效流动和合理配置的各类科技人才市场等;培育科技创新型企业,实现科技成果直接转化的科技企业孵化器。维护行业秩序,促进科技市场良好竞争秩序,规范区域创新主体行为的各类行业协会。

(二)根据科技中介组织的服务范围以及科技中介组织服务的专业化程度,可将科技中介组织分为专业性科技中介组织和综合性科技中介组织

目前大部分存在的科技中介组织属于专业性科技中介组织。如:生产力促进中心、工程技术研究中心、技术市场、产权交易所、科技招投标机构、科技情报信息中心、知识产权事务中心以及各类科技人才市场等都提供的是专业化的服务。行业协会以及科技企业服务化器(创业服务中心)提供的是综合性的服务。

(三)根据科技中介组织的管理体制和运行机制,可以将科技中介组织分为官办科技中介组织、半官办科技中介组织和民办科技中介组织

官办科技中介组织是由政府投资,有一定行政色彩的科技中介组织。半官办科技中介组织是由政府和社会投资者联合投资,实行企业化运作的科技中介组织。民办科技中介组织是完全由社会的投资者投资,并且完全实现市场化运作的科技中介组织。科技中介组织的发展趋势看,今后科技中介组织的管理体制和构成性质将是半官办科技中介组织和民办科技中介组织,科技中介组织实现市场化运作的管理机制。

### 三、科技中介组织的功能

作为科技和经济的纽带,科技中介组织是区域创新体系的重要组成部分,在区域创新体系中发挥着重要的功能,在区域创新体系中发挥着重要的"黏

合剂"的作用,在促进区域创新系统的有效运转,促进区域创新体系的建设等方面发挥着重要的桥梁和纽带作用。科技中介组织承载着科技成果的转化,知识在政府、大学及企业间及其他主体间的转化及扩散、科技成果的评审和鉴定,科技资源的配置并提高区域创新主体的技术创新能力,提供专业化的服务,推进高科技产业的产业化进程并培育科技中小型企业;完善有中国特色的社会主义市场经济体系,规范区域创新主体的竞争行为,对市场起到辅助的调节和监督作用,等等。具体来说,科技中介组织的功能如下:

(一)协调科技成果交易双方,促进科技成果的转化和知识转移

科技中介组织将企业的需求及时反馈到大学及科研机构,并且科技中介组织参与到科技成果研发的全过程(如生产力促进中心和工程技术研究中心),并及时将大学和科研机构的科技成果向企业推广,并且在交易双方间协调沟通,最终实现科技成果的有效转化。科技中介组织在将科技成果在不同的区域创新主体间转移的同时,促进了显性知识和隐性知识在不同的区域创新主体间的传播和转移,促进知识在不同区域创新主体间的分享。

(二)提升科技资源的配置效率并提高区域创新主体的技术创新能力

科技中介组织根据不同的区域创新主体的需求,通过专有的技术市场、人才中介市场以及技术产权交易市场等不同的专有市场,将科技资源在不同的创新主体间进行合理的配置。同时科技中介组织通过参与完善有中国特色的市场经济体系,进一步完善区域创新主体的创新环境,进而提高区域创新主体的技术创新能力。

(三)通过提供专业化的服务,促进科技型企业的可持续发展及创业发展

目前,我国大量的科技型中小企业,由于规模小、资金不足,企业的创新风险和经营成本大,这些科技型中小企业非常需要专业化的科技介组织来提供专业化服务。如:科技评估中心、知识产权事务中心、科技招投标组织、情报信息中心等提供专业化服务的科技中介组织通过提供科技评估、管理咨询等专业化的服务,来降低科技型中小企业的营运成本,促进科技型中小企业的可持续成长。同时各类科技企业孵化器(或创业服务中心)通过为有发展潜力的科技中小型企业提供创业服务,培育了大量的科技型中小企业。

(四)完善有中国特色的社会主义市场经济体系,规范区域创新主体的竞争行为

各类行业协会能有效地规范各类创新主体的行为,对市场监督与调节。同时科技中介组织通过并对大学、科研机构和科技创新企业等提供完善的法律、法规和政策服务,为政府提供相关信息以制定出完善的法律法规等都发挥着重要的作用。

(五)促进科技园区的建设,实现科技园区又好又快的发展

区域创新体系的建设,就需要有创新力和竞争力的科技型企业,而科技园区是培育高新技术,促进科技型企业成长和发展的科技型企业聚集区。为了构建科技园区自主创新支撑平台,为科技园区内科技型企业提供良好的专业化服务,实现科技园区又好又快的发展,就需要大量的为科技型企业提供专业化服务的科技中介组织。为了促进科技园区的健康发展,就需要科技企业孵化器(创业服务中心)等科技中介组织为科技园区培育大量的科技型企业。美国的硅谷、台湾的新竹以及北京的中关村等科技园区的发展,与科技中介组织的发展是密不可分的。

(六)科技中介组织与区域创新主体协同发展的重要性分析——以生产力促进中心为例

根据近年来我国生产力促进中心的相关发展情况,研究生产力促进中心数量的变化对政府、企业、大学及科研机构的影响,以及对我国国内生产总值的影响。

如表2—1所示,2001—2008年间,政府的相关政策促进了生产力促进中心的发展,我国生产力促进中心数目逐步增加,增幅最高达到19.23%。

表2—1中,国内生产总值从2001年到2008年一直保持以10%左右的幅度增长,在2004—2008年间,其增长幅度一直是生产力促进中心增长率的数倍,由此可见,在这五年中生产力促进中心的发展迟缓,并没有跟上经济发展的脚步。但生产力促进中心的增长率和国内生产总值的增长率在2005年出现了下跌的现象,在这八年中生产力促进中心的增长率和国内生产总值的增长率大体表现出同向增长的趋势,如图2—2所示。

另外,生产力促进中心也影响了大学、企业和科研机构的诸多方面,其中,增加了高校人才的就业率,通过为众多企业提供各种服务增加企业的营业额是两个主要表现。

表2—1　生产力促进中心、政府投入和国内生产总值情况（2001—2008年）

| 年份 | 生产力促进中心的数量(家) | 政府投入（亿元） | 国内生产总值(亿元) | 生产力促进中心的增长率A(%) | 政府投入的增长率B(%) | 国内生产总值的增长率C(%) | A/B(%) | C/A(%) |
|---|---|---|---|---|---|---|---|---|
| 2001 | 701 | 3.86 | 109655.2 | | | | | |
| 2002 | 865 | 6.51 | 120332.7 | 18.96 | 40.71 | 8.87 | 46.57 | 46.80 |
| 2003 | 1071 | 8.49 | 135822.8 | 19.23 | 23.32 | 11.40 | 82.47 | 59.29 |
| 2004 | 1218 | 11 | 159878.3 | 12.07 | 22.81 | 15.05 | 52.89 | 124.67 |
| 2005 | 1270 | 9.21 | 183217.4 | 4.09 | −1.94 | 12.74 | | 311.11 |
| 2006 | 1331 | 9.57 | 211923.5 | 4.58 | 3.76 | 13.55 | 121.83 | 295.56 |
| 2007 | 1425 | 11.54 | 257305.6 | 6.60 | 1.71 | 17.64 | 38.64 | 267.38 |
| 2008 | 1532 | 15.73 | 300670.0 | 6.98 | 2.66 | 14.42 | 26.22 | 206.50 |

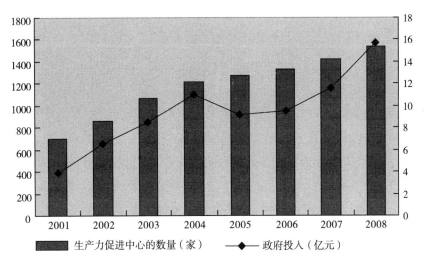

图2—1　全国生产力促进中心数量及政府投入情况

　　中国科技统计网的数据显示,截至2008年,全国生产力促进中心共有从业人员19438人,其中大专以上学历职工16635人,占总人数的85.58%。拥有学士学位以上的职工共11233人,其中博士359人,占从业人员总数的1.85%;硕士1622人,占8.34%;学士9252人,占47.60%。生产力促进中心为企业提供了各种服务,其中2004年,全国生产力促进中心共为9.21万家企

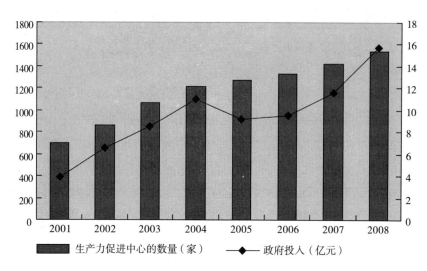

图 2—2　生产力促进中心数量和国内生产总值的增长率情况

业提供了各种服务,为企业增加销售额 642.0 亿元。2005 年,全国 1270 家生产力促进中心共服务企业 96675 家企业,平均每家中心服务企业近 76 家,为所服务企业增加销售额较上年增长了 67.9%。2006 年,1331 家生产力促进中心共服务企业 103167 家,平均每家中心服务企业近 78 家,为企业增加销售额 752.07 亿元。2008 年,1532 家生产力促进中心共服务企业 18.98 万家,比上年增加了 3.50 万家,平均每家中心服务企业超过 135 家,比 2007 年增加 17 家,为企业增加销售额 1201.65 亿元,增加利税 175.48 亿元。

　　由此可见,生产力促进中心是否与政府、企业、大学及科研机构实现良性互动、互促发展,对于双方都有显著的影响。首先,政府的政策导向以及资金投入情况对于生产力促进中心的发展发挥重要的作用,生产力促进中心要实现高效的运作就必须有政府的大力支持。其次,生产力促进中心对于企业这一直接服务对象来说,能够为企业注入新的生命力,同时也为大学和科研机构的科研成果转化贡献力量,对产学研战略联盟的形成具有重大的推动作用。

　　生产力促进中心作为一种重要的科技中介组织,它与区域创新主体之间的协同发展关系能够折射出整个科技中介服务业在区域创新系统中的强大效力,以上所做的研究充分体现了科技中介组织在区域创新体系中的重要作用。

## 第二节　科技中介组织在区域创新体系中运作机制

### 一、区域创新体系

(一)区域创新体系的发展

区域是从地理的视角下出发进行研究的,区域是按一定标准划分的连续的有限空间范围,一定范围的地域,是一个地理范畴,是具有自然、经济或社会特征中的某一个方面或几个方面同质性的地域单元。在实际中,微观上区域可以是一个村庄,在中观上区域是一个城市,在宏观上区域是一个国家。

区域创新体系的发展是来自国家创新体系的发展。国家创新体系相关理论最早可以回归到制度经济学和熊彼特创新理论。但是直到1987年英国经济学家弗里曼正式提出并完善了区域创新体系概念,并指出区域创新体系的主体要素包括区域内政府、企业、大学(科研机构)及中介组织等。1997年,世界经合组织在《国家创新体系》中明确了科技中介组织在国家创新体系中的位置和运行机理并指出国家创新体系是由大学、企业、政府、科研机构及中介组织等不同区域创新主体间互动作用。并指出大学、企业、政府、科研机构及中介组织等不同区域创新主体间互动作用中,知识的流动和共享将产生非常重要的作用,知识的流动、共享和创新与转化是促进国家创新系统的高效运转的前提和核心。

最早的国家创新系统基本框架是世界经济合作与发展组织(OECD)1997年发布的《国家创新系统》的报告中提出的。在其国家创新系统框架中,主要强调了创新系统主体,即企业、高校、科研机构、中介组织之间的知识流动,将知识流动作为创新系统的核心。图2—3为OECD国家创新系统的分析框架。

在这个OECD的分析框架中,创新主体分别为政府、高校和科研机构、中介机构、企业。其中大学和研究机构在创新中是知识的源泉和技术的开发者,政府是创新的支持者和宏观调控者,企业是科技成果的转化和商品化的主体,中介机构是桥梁和纽带。知识、人才、资金等资源在四个主体间转移,形成创新网络,在创新网络与创新环境下,区域创新主体有机融合,形成了创新系统。

区域创新体系概念的兴起比较晚。从理论上看,区域创新体系的理论的发展一方面是在国家创新体系的发展基础上发展起来的,区域创新体系的研

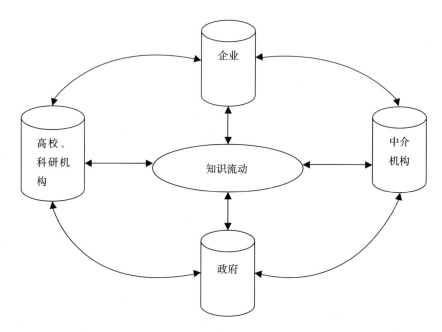

**图 2—3　OECD 国家创新系统的分析框架**

究是根据国家创新体系的理论和方法,研究区域创新体系中各主体的相互作用、区域内要素的配置以及区域的创新问题。另一方面区域发展理论和区域经济学的发展,促进了区域创新体系的研究。从实践上看,区域创新体系的发展是由于产业聚集和高科技园区的发展。科技园区是区域创新的典范。美国硅谷等高科技园区的发展产生了极大的经济效应和社会效应。美国硅谷等高科技园区的发展对经济的拉动、辐射和极化效应在世界上产生了极大的影响,世界各国因此也产生了大量的科技园区,这也使业界和学界深刻地认识到了区域创新的重要性,进而促进了区域创新体系的发展。另一方面,随着产业聚集和产业集群的发展,产业聚集和产业集群极大地促进了区域经济发展,进而促进了国家创新休系的建设和完善。人们认识到产业聚集和产业集群是带动和促进区域经济发展的重要渠道和方法之一。

　　英国的库克教授较早和较全面地对区域创新体系进行了理论研究与实践研究,1992 年库克教授发表了一篇文章《区域创新体系:新欧洲的竞争规则》,论述了区域创新体系建设的必要性和重要性等,并认为区域创新体系主要是由相互分工与关联的企业、科研机构和大学及其他组织等构成的区域性组织系统,在这种系统支持下产生了创新。我国学者陈柳清认为区域创新体系是在一定的地理范围内,将区域经济发展的资金和资源等各种促进区域经济发展的各种要素引入了区域经济,并认为这些要素的新的组合方式科学有效地配置了资源,实现了资源的科学有效的利用,进而促进了区域内产业机构的优化和升级,从而提升了区域的创新能力和核心竞争力。

随着经济全球化和区域经济一体化的演进,区域的创新能力已经逐步成为区域发展和提升区域竞争力的重要因素。目前,随着经济全球化的发展,经济的区域化特征逐步明显,区域创新和区域经济的发展成为国家创新体系的一个重要组成部分。在目前创新改变生活的时代,一个区域的发展也越来越依赖于其创新能力的提高,而建设区域创新体系则是提高自主创新能力的基础,也是区域经济和社会发展的重要途径。

(二)区域创新体系的构成

区域创新体系是由区域创新的主体要素、区域创新的资源要素和区域创新的环境要素三部分构成。区域创新的主体要素主要包括区域内的大学、企业、科研机构、政府及中介服务机构等。区域创新的资源要素主要包括区域内的自然资源、人力资源、信息以及资金等。区域创新的环境要素主要包括区域内的软环境要素和硬环境要素组成。硬环境要素主要包括区域的公共基础设施、生活基础设施、交通设施、科技设施以及经济基础,等等,软环境主要包括区域的管理体制、管理机制、政策制度体系、区位优势、区域文化以及市场机制等。在区域创新体系中,知识的传播、共享和转化将区域创新主体要素有机联结起来,并且在知识的传播和转化过程中,受到资源要素和环境要素的影响。资源要素和环境要素影响着着区域创新体系的运行。

区域创新系统的运行是在一定的经济、社会、文化条件下,在自然资源、区位条件和基础设施等环境下,在政策和制度的规范约束和激励下,人、财和物等各种资源要素在政府、大学、企业、科研机构及中介组织之间有效配置,进而促进知识在区域创新主体之间流动、共享和成果转化,最终对整个区域产生良好的经济效益和社会效益。在区域创新体系运行的关键是要实现资源在政府、大学、企业、科研机构及中介组织等区域创新主体之间的科学配置,促进知识的有效流动和共享,最终实现区域创新主体之间良性互动,科学有序地推进技术创新(包括:产品创品、管理创新、市场创新等),最终实现产业结构持续优化和升级,产品和技术知识持续创新,同时资源要素和环境要素不断的优化。

　　区域创新体系中,各主体要素在区域创新系统中扮演不同的角色,承担了不同的职责。各个主体要素相互作用,形成区域创新的网络体系。另外,区域的历史文化、创新思维等也是区域创新系统有效运转的重要影响因素。不同区域的创新系统各有不同,主要受区域经济发展状况和区域资源等因素的影响,这些要素的不同,区域创新活动内容、途径和效率也会因此不同。因此,建创新体系的建设必须充分考虑区位特色,必须考虑区域内的资源优势,构建特色的区域创新体系。

**二、科技中介组织在区域创新体系中作用机制**

　　区域创新体系中各主体要素之间的关系可以用图2—5表示。

　　在区域创新体系中,资源要素的推动是区域创新体系有效运行的动力源,人力资源、投融资、信息资源等直接推动着区域创新主体的互动作用。区域创新体系在资源要素的推动下的运行还受到环境要素的制约和影响。公共基础设施、生活基础设施、交通设施、科技设施以及经济基础等硬环境要素和管理体制、管理机制、政策制度体系、区位优势、区域文化以及市场机制等软环境要素如果满足区域创新体系有效运行的要求,促进区域创新主体的互动作用,就会大大地提升区域创新系统的运行效率,反之就会制约区域创新系统的运行效率。在区域创新的资源要素的推动和环境要素的影响下,区域创新主体互动作用,推进技术创新,最终输出创新的区域产品、优化和升级的产业结构及创新的技术知识。另外,区域创新主体要素的互动作用也影响着资源要素和环境要素。区域创新主体要素科学有效的互动机制,能促进资源要素的可持续开发和利用,便于人力资源等资源要素的开发。反之,如果区域创新主体要素不能有效互动,就会导致资源要素不能科学有效的开发利用,资源要素不能有效的配置,进而影响了资源要素的运行效率。区域创新主体要素科学有效的互动机制,也能塑造良好的环境要素,能进一步完善管理体制、管理机制、政策制度体系、区位优势、区域文化以及市场机制等。反之,如果区域创新主体要素不能有效互动合作,就不能建立完善的管理体制、管理机制、政策体系以

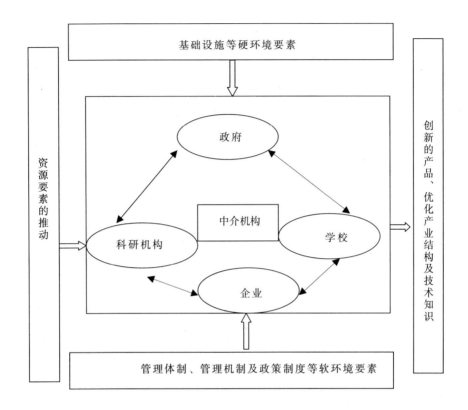

**图2—5　区域创新体系中各创新主体之间的关系图**

及市场机制等,不完善的管理体制、机制和政策体系等会制约着区域创新主体要素的互动合作,从而导致恶性循环,进而影响着区域创新体系的运行效率。因此,在区域创新体系中,区域创新主体要素的科学有效的良性互动是区域创新体系有效运转,提升区域创新系统效率的关键。

在区域创新体系中,政府是区域创新系统的宏观调控和政策制度的完善者。在区域创新体系中政府通过完善的法律法规及政策环境,优化市场环境,有效引导科技创新活动,为其他区域创新主体要素提供良好的制度环境。当前,由于市场体系还不是很完善,区域创新体系还需要市场推动下的区域创新模式。随着市场机制的逐步完善,最终将形成以企业技术创新为主体,以市场导向为主,政府推动为辅的区域创新模式。企业是与市场接触最为紧密的区域创新主体,是社会物质产品的最终提供者,企业将大学或科研机构的科技成果以产品或者服务的方式市场化,在区域创新体系承担着转化科技成果,实现科技成果商品化的功能。企业直接面向市场参与创新活动,是最主要的区域创新主体,处于区域创新体系网络的中心位置。企业作为主要的技术创新主体,是自主经营、自负盈亏和自担风险的市场经济运行主体。企业为了追求利润和可持续发展,能积极地创新和分享知识,不断地进行技术创新,积极地和区域其他主体要素进行合作,进而促进区域创新体系的建设。大学和科研院所为区域内其他创新主体提供科研成果、技术咨询服务、培养人才,属于知识创新主体。知识的创新是所有创新基础,大学与科研机构是对知识进行基础研究和应用研究的场所,大学的科研成果通过科技中介协调,最终通过企业转化为创新的产品和服务。另外,大学和科研机构也能积极地参与到政府政策和区域创新等科学研究,其科研成果一方面能帮助政府制定科学有效的区域创新政策,提升区域创新系统的运行效率。另一方面大学和科研机构的科研成果也能有效地促进区域内产业机构的优化升级等。

政府、企业及大学和科研机构等区域创新主体的互动和谐离不开科技中介组织的调节。科技中介组织作为区域创新体系的重要组成部分,在区域创新系统中协调政府、大学及科研院所以及企业之间的关系,实现区域创新主体之间的优势互补,进而达到区域创新主体间的协同发展发挥着重要的纽带作用,实现整体利益的最大化。科技中介组织能推动政府政策的完善和落实,它为政府政策的完善提供系列的信息支持,为政策的有效完善和切实执行奠定了基础。科技中介组织参与到了知识创新的全过程,科技中介组织向大学和科研结构提供企业等需求的科研信息,帮助大学和科研机构研发出社会需要的科研成果,同时帮助科研成果向企业转化,实现企业与大学及科研机构的有效对接。科技中介组织通过让人才供需双方深入了解,让政府、企业、科研机构和科技中介组织本身获得符合发展要求的人才。同时科技中介组织还有助于保证企业、政府、大学及科研机构之间的合作质量,科技中介组织通过参与完善市场竞争秩序,通过规范系列的规章制度,来提升企业、政府、大学及科研机构之间的合作效率。

科技中介组织在区域创新体系中的运行主要表现在以下几个方面:

(一)直接参与技术研发,参与到区域创新的前端。科技中介组织能加快产学研的对接过程。科技中介组织能将企业的技术需求及时地向大学和科研机构反馈,帮助大学研发出市场需要的科技成果。各种生产力促进中心和工程技术研究中心能直接参与到技术创新的前端,创新出社会需要的知识产品。

(二)提供专业化的服务,促进知识共享和技术扩散,提升科技成果转化的效率。科技中介组织能促进科技成果的产业化,加快技术的产业化过程。大学和科研机构的科技成果及时转化是技术实现商品化的关键。作为中介桥梁,科技中介及时将企业的需求和大学及科研机构的技术成果实现对接,将企业对科研成果的需要及时反馈给大学及科研机构,并把科研机构和大学的技术成果及时反馈给企业。如科技评估中心对技术和科技成果的价值进行科学评估,便于技术和科技成果顺利交易。科技情报信息中心和知识产权事务中心为科技成果的研发及转化提供信息服务和知识产权服务。如各种科技招投标机构、技术市场和产权交易所等科技中介组织通过将技术的供方和需方有机地协调起来,及时地把技术转化出去和商业化,实现科技资源的及时转化,避免科技资源的闲置和浪费。科技风险投资公司为科技成果的转化筹措资金,帮助科技成果顺利转化。人才市场为区域创新主体提供了人力资源共享平台,促进了人才在区域创新主体间的流动,实现了人力资源在区域创新主体之间的有效配置。

(三)维护市场秩序,实现科技资源的有效配置。各种行业协会能规范行业内企业的行为,完善市场竞争秩序,促进区域创新主体的有序竞争,进而促进各种要素在区域创新主体间的有效流动,实现资源在创新主体间的科学配置。科技中介组织在区域创新体系中通过协调资源的配置,实现资源在区域创新主体间共享。

(四)培育科技中小型企业。作为综合性的科技中介组织,科技企业孵化器(创业服务中心)提供的是综合性的服务,是为创新型的中小企业提供系列的软服务和硬服务,进而培育出创新型的中小企业。

(五)促进产业技术创新战略联盟的建设。2009年,科技部等六部委联合出台了《关于推动产业技术创新战略联盟构建的指导意见》。为了建立企业、大学和科研机构为主体的产业技术创新战略联盟,科技中介组织的参与并协调非常重要。

(六)促进区域创新模式的转化。在区域创新体系中,区域创新的主导体是不同的,根据区域创新的主导者不同,区域创新体系的发展模式主要有大学及科研机构主导的区域创新模式、政府主导的区域创新模式以及企业主导的区域创新模式。在这几种区域创新模式的转化中,科技中介发挥着重要的作用。通过科技中介的协调,可以实现这几种主导模式的有机转化和协同发展。

## 第三节　科技中介组织在区域创新体系中运行存在问题

### 一、管理体制和机制等不完善,制度政策体系不完善

(一)由于社会上对科技中介组织的重要性以及科技中介组织在区域创新体系中运行的相关机理认识不足,导致了科技中介市场有效需求的不足,致使科技中介组织的发展落后于区域经济发展的要求,跟不上区域创新体系建设的要求,尤其是缺乏促进科技中介组织有效运行的法律法规体系。尽管近些年出台了促进科技中介组织发展的法律法规政策体系,但是与国外通过完善的法律法规政策体系推进科技中介组织发展的经验相比,我们的法律法规体系还不是很完善。在管理体制上,我国大多数科技中介组织是官办或者半官办,"行政事业"色彩较浓,大多数科技中介组织的投资主体单一,没有形成政府、企业、社会及银行等的多元化的市场化的投融资机制。

(二)在运营机制上,由于科技中介组织没有形成多元化的投融资机制,致使大多数科技中介组织没有形成完善的市场化运营机制,科技中介组织的运营效率有待提升。科技中介组织内部的人力资源管理体系,中长期激励机制以及服务流程及服务标准体系等不完善,没有形成通过完善的制度体系推动科技中介组织发展的机制和体系。

### 二、科技中介组织在区域创新体系中服务体系不健全

(一)科技中介组织服务链不完善。为区域创新主体提供专业化的服务是科技中介组织的本质功能之一。但是目前科技中介组织没有形成完善的服务链,这主要体现在以下几个方面:一是科技中介组织没能参与到科技创新的全过程。生产力促进中心和工程技术研究中心等没有从市场需求、技术开发的构想和研发等全过程参与到科技创新,这在一定程度上制约了科技创新的效率;二是目前大多数科技中介组织提供的服务比较单一,专业化程度比较低,不能有效满足区域创新主体的需要;三是目前大多数科技中介组织没有形

成品牌化的运作,缺乏品牌化的科技中介组织,尤其是缺乏国际化品牌的科技中介组织参与到国际科技中介业的市场竞争中。

(二)科技中介联盟机制的不健全,在一定程度上影响了科技中介组织效能的发挥。由于管理体制和管理机制等原因,目前大多数科技中介组织之间缺乏有效的沟通机制,科技中介组织之间没能形成专业化的无缝对接,服务链条上不能形成协同共振效应,同一区域内和不同区域内的科技中介组织不能形成联盟化发展,这在一定程度上影响了科技中介组织功效的发挥。另外,尽管现代科技信息技术发展比较快,但是科技中介组织不能有效利用现代科技信息技术增强其服务能力,科技中介组织之间的共享数据库等服务网络信息共享平台,大型科研仪器设备共享平台以及科技中介组织之间的人才信息共享平台不是很完善,这一定程度制约了科技中介组织在区域创新体系中的有效运行。

(三)科技中介人才的不足是制约科技中介组织在区域创新体系中运行的主要问题之一。由于我国科技中介组织的发展起步比较晚,加上对科技中介组织的重要性认识不足,尤其是科技中介组织人才的引进、培育及激励机制等的不完善,这导致了科技中介人才跟不上科技中介组织发展的需要,进而影响了科技中介组织在区域创新体系中的有效运行。

### 三、科技中介组织没有与其他创新主体形成协同发展网络体系

(一)科技中介组织与区域创新主体没有形成互动协同发展的局面。区域经济的发展以及区域创新系统的有效运行要求科技中介组织与政府、大学、企业及科研机构的明细定位并且互动协同发展。但是,由于区域创新的精神文化、物质文化以及制度文化不完善,科技中介组织发展的文化体系不完善,尤其是缺乏科技中介组织与政府、大学、企业及科研机构的双向信息沟通机制,这导致科技中介组织不能为企业和政府提供科技支撑相关信息,没能充分开发大学及科研机构的科研资源,这在一定程度上制约了科技中介组织与其他区域创新主体的互动沟通,进而影响了科技中介组织在区域创新体系中的运行。另外,科技中介组织在我国的不同区域发展不均衡,在东部发达区域,科技中介组织的发展比较快,而在我国的西部落后区域科技中介组织的发展远远不能满足区域经济发展的需要,这制约了科技中介组织与政府、大学、企

业及科研机构等区域创新主体的协同发展。

（二）科技中介组织不能满足产业技术创新战略联盟建设的需要。尽管科技部、教育部等六部委联合出台了《关于推动产业技术创新战略联盟构建的指导意见》，但是由于对科技中介组织的重要性以及科技中介组织在区域创新体系中的运行机理认识不足，导致了科技中介组织没能有效地参与到产业技术创新战略联盟的建设中。产业技术创新战略联盟不仅要求企业、大学、科研机构及政府通过技术载体建立稳定的联盟，也要求科技中介组织的协调和专业化服务，通过科技中介组织参与的产业技术创新战略联盟是稳固和能促进科技成果的有效研发和转化的一种有效模式。

# 第三章　科技中介组织在区域创新
# 体系中运行经验

## 第一节　国外科技中介组织在区域
## 创新体系中运行经验

### 一、国外科技中介组织发展的现状分析

经过长期的实践,欧美发达国家已经认识到,虽然科技中介组织是市场经济的产物,但是也不能完全依靠市场自由发展。主要是因为科技中介对科技经济发展以及国家竞争力的战略重要性不可能完全由市场反映。在纯粹的自由市场条件下,科技中介的保障达不到与其对国家科技经济的战略性相符的水平,需要政府从国家科技经济的战略高度出发,扶持科技中介机构的发展。在知识经济的强劲推动下,为提升科技对国家经济和社会的影响,欧美国家由政府立法并制定细则,对科技中介机构的社会地位及其在国民经济中的作用予以明确的肯定,科技中介机构得到政府的高度重视,不但将科技中介机构作为决策的法定程序,而且为大力发展科技中介服务也不遗余力。

（一）美国的科技中介组织现状及经验

第二次世界大战之后,由于美国的市场需求环境得到改善,美国的科技中介组织也逐步发展起来,种类、性质日益繁多,有营利性的、半营利性的和非营利性的等。例如,一些官方组织,属于非营利性质的,包括美国在20世纪80年代建立的小企业管理局,商务信息中心,等等,其作用主要是为那些中小科技企业的发展提供全面的服务,其资金来源主要是由政府拨款;当然,还有一些半官方特性的联盟和行业协会,其作用主要是规范科技企业的行为,为科技企业寻求投资公司,例如,旧金山湾科技联盟（BARTA）;高科技中介组织,其主要作用是为科技企业与其他企业之间建立一个桥梁与纽带;专门行业的服

务机构和高校的技术转移中心等。可见,非营利性的科技中介机构在科技中介机构中发挥着重要的作用。

(二)日本科技中介组织的发展现状及经验

第二次世界大战之后,在日本"科学技术创造立国"的战略方针的指导下,日本科技中介组织逐步发展起来,日本的经济也随之迅速发展,成为紧随美国的世界第二大科技经济强国,这主要得益于日本重视科技的国家方针。日本的发展离不开科技的支持,而科技的发展是通过科技中介组织将科学技术迅速转化为现实的生产力而实现的。可见,日本的科技中介组织在科技与经济之间发挥了重要的桥梁和纽带作用,使得日本经济在科技迅速发展的情况下得以快速发展。日本的科技中介组织的类型主要分为政府批准的事业法人组织、社会科技中介组织、外资投资和银行投资的咨询组织、科技城以及技术交易场所等。除此之外,日本的公益性科技中介组织包括中小企业事业联盟、全日本能率联盟、日本科技振兴联盟等。社会科技中介组织种类比较多,比如,大学、科研院所创办的专业研究所,以及个人创办的咨询公司等。咨询组织不仅能够为企业提供充足的资金,还能为企业提供技术咨询、管理咨询等;科技城和技术交易场所的发展也比较完善。

可见,日本在促进科技中介组织发展、培养国家创新力、重视科技的作用、加快建立高新技术等方面,都取得了很高的成就,同时也有很多值得我国科技中介组织学习的优秀经验。日本的科技中介组织十分注重与大学和科研机构的联系,这种产学研相结合的模式能促进创新成果的转化,从而促进科技进步。科技中介组织从各高校、科研院所等购买科技成果,然后交给企业将科技成果转化为现实的生产力,而科技中介组织只从科技研发企业的利润或者营业性收入中收取小部分作为报酬。日本的科技中介服务体系是多元化的,在整个区域经济发展过程中,起到纽带作用。在日本,国家性质的中介机构很多,他们主要是为企业提供资金,如果项目研发成功,科技研发企业会分步骤地将国家投入的资金还给国家性质的中介机构,如果项目研发不成功,那么国家投入的资金不需要还给国家性质的中介机构,这大大鼓励了更多的小企业进行创新。另外,对于那些能够快速转化为生产力的科研成果,如果满足了科研成果和"专利"所有者的要求,日本科技中介组织就会提供"专利代理申请"服务,也就是说由科技中介机构代理申请专利,提供全面的服务。这样做的目的就是为小企业提供便利,更好地进行创新活动。

　　(三)欧洲科技中介组织的发展现状

　　在欧洲国家中,德国、英国等国家的科技中介的发展仅次于美国,日本等发达国家。德国的行业协会已经发展了几百年,行业协会不仅种类很多,而且分类很详细,组织机构很健全,主要是为科技企业提供科技信息、管理咨询、职业培训等服务。德国的科技中介服务机构大体分为三类:一是政府决策中介机构。此类机构能为政府部门提出新兴技术和行业发展方向和前景,对某些重要课题进行技术经济论证,将科研部门的成果向企业推广转让。另一类是为了将科技部门和大学最新研究成果及时有效地向企业推广,即以转术转让为主的中介机构。第三类是纯营利性中介机构。

　　首先,德国制定了许多政策支持科技中介组织的发展,甚至无偿帮助部分科技中介组织,以鼓励科技中介组织将科学技术介绍给创新企业将其产业化。德国科技中介组织是个独立运营的主体,经营主体具有多元化的特点,有兼营性的机构或公司,并且科技中介机构能够行使部分政府职能,因此能够加强政府与企业之间的联系,加强了科技企业与高校、科研院所及金融组织的联系,政府、科技企业、高校和科研院所之间联系在一起,能够提高科学技术向生产力转化的效率。德国的科技中介机构与科技中小企业在合作中实现了双赢。德国的科技中介机构科技中小企业提供全方位、全面的服务,如技术交易、科技研发、管理咨询、融资渠道、风险评估等。总之,科技中介组织与政府、大学、科研机构及企业协同发展过程提供全过程的、系统性的服务。

　　英国科技中介机构的多样性是其主要特点之一。目前,英国科技中介机构,整体可分为三个层面:政府层面、公共层面和私人公司。政府层面,主要是在全国各地建立了240个地区性的"企业联系办公室"其主要目的是促进当地企业与大学、研究机构以及金融机构等的联系,实现科技成果的转化与推广。公共层面,是英国的公共科技中介咨询机构最核心的科技咨询群体,如英国皇家学会、皇家工程院、研究理事会和大学科技政策研究机构等都具有科技咨询的职能,在科技政策和重大工程项目咨询中起着最主要的作用。例如,英国各大学科技成果转化中心、科技园、全国性的专业协会、慈善科技中介组织等,属于典型的公共层面上的科技中介机构。国科技中介机构的主体是私人中介公司,他们是以盈利为目的的独立的科技中介机构。

### 二、国外科技中介在区域创新体系中运行示范区——科技园区

（一）美国硅谷

提到科技中介与区域创新主体和谐发展的模范地区,美国的硅谷是典型代表。它既是全世界科技园中最先成立的也是发展最好的科技基地,不仅仅是美国同时也是世界高科技领域产品的研究和制造中心。另外,硅谷不仅是世界上产生科技创新成果最多的地区,也是世界许多著名大公司的所在地,如微软、雅虎、英特尔、斯科等。硅谷的发展之所以取得巨大的成就,源于它的高科技技术特别是微电子科技不仅发展迅速且成果位于世界前列,这些高科技技术之所以发展如此迅速又是与其健全的区域创新体系和创新主体很强的创新能力有着密切联系的。它的成功也促进了世界各国相继建立各技术园区。综观各个地区的园区,它们所取得的成就也是各有差异的,究其原因是多方面的,但在所分析的原因中得出一个重要因素:各个地区高科园的科技中介服务体系是否真正发挥应有的作用是导致上述结果的一个很关键的因素。因此,要想使硅谷各种创新要素加强整合和提高技术创新能力,必须完善科技中介服务体系。对于硅谷的科技中介服务体系来说,一般是指那些专业化机构,如会计师事务所、律师事务所、行业协会等,它们专为高科技创新企业提供特殊服务,概括来说主要有以下几个机构:人力资源服务机构、管理及技术咨询服务机构、融资服务机构和技术交易服务机构。

科技中介服务体系既是技术创新体系的组成部分,同时它在促进技术创新能力提升及各创新要素协同发展方面也起到了不可替代的作用。硅谷的中介服务体系除了以上介绍的人力资源机构、管理及技术咨询服务机构、融资服务机构、税务机构、会计师事务所、律师事务所及技术交易机构外,行业协会也起到很重要的作用,比如硅谷的生产协会为了解决土地使用、环境污染和交通运输等问题,同时也为了当地的发展,积极地与州政府进行协商。

（二）班加罗尔

科技中介组织与区域创新主体协同发展的另一示范区——班加罗尔,它被称之为印度的"硅谷",从其发展历程可以看到印度、亚洲乃至世界软件业快速发展的历程。自1991年全印度第一个计算机软件技术园区在班加罗尔成立之后,它便迅速地成为印度规模最大的一个软件技术园区,以至于成为现在的计算机软件王国。据统计,到2003年年底,班加罗尔软件出口数额为

25.69 亿美元,IT 企业将近 1154 家,占全印度软件出口的 1/3 以上,在世界软件科技园中排名前 4 名,之所以取得如此显著的成就,原因是多方面的,其中主要的一个原因就是科技中介机构为软件行业的发展做出了非常大的贡献。印度的班加罗尔还被称为科技中介组织与区域创新主体和谐发展的典范。另外,印度的科技中介组织主要包括电子、计算机软件出口协会和全国软件服务协会等,这些中介组织都极大地促进了班加罗尔软件业的发展。

由于科技园区对经济发展的突出作用,许多国家均建立了特色明显的技术园区,代表性的有剑桥技术园以及日本和加拿大的技术园等。纵观他们的发展历程以及科技中介机构的建设情况,科技中介组织都极大地促进了它们的发展,也极大地提高了区域创新能力,反过来区域创新主体的发展又促进了科技中介组织的发展,两者相互促进,共同发展,共同促进了区域经济的发展。

(3)日本筑波大学科技园区。

日本筑波大学科技园区属于世界级水平的科技园区,在 20 世纪 80 年代建立于筑波市中心,面积覆盖 3 万公顷,是由政府发起建立的,这个科技园区聚集了五十多个日本著名科研院所和高校。日本筑波科技园区的创新活动由政府控制,源于一种危机管理意识而建立的。日本筑波大学科技园区发展获得了政策的有效支持,如,有利政策促进科研资源集中,发展规划完善,人才政策吸引高水平的科研机构进入该科技园,政府特定为该科技园内的企业和科研院所制定的优惠政策充分调动了它们科技创新的积极性,使该科技园区的自主创新能力迅速提高。

筑波大学科技园区共分为 5 个园区,分别为生物研究园区、土木建筑研究园区、文教科研究园区、理工科研究园区和公共设施研究园区。这些分门别类的研究园区所研究出的很多科技成果在世界上都处于领先水平,比如,在高等教育和基础力学方面都居世界前列。筑波大学科技园区已成长为日本规模最大的科技研发和知识传播中心,现已经能够与美国等国在科学技术方面相抗衡。筑波大学科技园区该园区的科研资源很丰富,聚集了日本 30% 的国家科研院所、高校和 40% 的科技研发人才,政府对科研活动的一半预算都投资在该园区,使得这个科技园区成为日本科技创新的前沿阵地。

相对于中国,在日本这样一个自然资源非常缺乏的小国,在科技水平上却远远地超过中国。日本在第二次世界大战后,迅速成长为继美国之后的第二

大经济强国,在很大程度上源于其科学技术的发展。日本政府对于科学技术
的重视以及在增强科研能力方面所做的努力,是非常值得我国学习和借鉴的。
另外,日本非常重视教育在培养科技人才方面所起到的作用,在教育预算方面
加大投入。因此,我国也应该借鉴日本在科学技术发展方面的做法和经验,促
进我国科学技术质的飞跃。

（四）剑桥科技园区

英国剑桥科技园区建立于英国东南部的剑桥郡,景色优美,非常符合科技
创新所需要的舒适的环境。英国政府对剑桥科技园区的发展以及科技创新非
常重视。英国剑桥科技园区具有非常强的创新能力,也是世界上的科技研发
中心。该园区对英国经济作出了巨大贡献,英国剑桥科技园区 GDP 就占全英
国 GDP 的 15.8%,政府投入在此的研发支出占该区 GDP 的 3.4%。

英国剑桥科技园区内包括了世界知名的剑桥大学,重大的科研活动都集
中在剑桥大学。剑桥大学是英国剑桥科技园区自主创新源泉。由于剑桥大学
的科技创新能力非常强并且为高新科技企业培育了大量的高层次人才,因此
吸引了大量高新科技企业进入该园区。目前,英国东南部地区聚集了高新科
技企业共 1200 家,科研人员 27000 多人。该地区不仅有剑桥科技园区,还有
后来相继建立的圣约翰科技园区、HighCross 科技园区、剑桥商业园区等,所有
这些科技园区的建立,极大地增强了该地区的自主创新能力,同时也加快了科
研成果向生产力、产业化转化的效率。剑桥地区集聚了不仅有高校、科技企
业,还有大型跨国公司,它们在科技研发以及促进科技成果转化的一系列的过
程中相互合作,很强的创新能力吸引着来自全世界的投资。

剑桥科技园区促进经济的发展,不仅表现在为英国的 GDP 作了很大的贡
献,过去 30 年累计为英国贡献 550 亿英镑的税收,出口总额达到了 280 亿英
镑。同时每年还会为英国社会增加 5000 个工作岗位。该园区的经济效益不
断增长,科技创新能力不断增强,现已成为英国东部地区的经济发展中心。

从以上分析可以看出,英国科技园区的发展是因为拥有许多世界知名高
校,科技园区依托于高校科技创新能力,聚集了很多的科技创新企业、投资公
司等。另外,英国政府也非常重视对科技创新的投入。从这些方面来看,借鉴
英国科技园区经验,应该重视科技园区与区域经济的互动发展,重视促进园区
域大学的互动合作,同时加大对科技创新的资金投入,提高现有的大学、高校、

科研院所的科技研发能力。

### 三、国外科技中介在区域创新体系中运行经验

（一）实施有效地法律法规，实行行业自律性管理，保障科技中介业与区域创新主体协同发展

发达国家在促进科技中介组织发展方面采取的措施一般是政府通过制定法律、政策、制度，加强科技中介组织对科研机构、高校和企业科技创新的关注。发达国家的政府并不直接管理科技中介机构，而是通过制定政策、法规进行规范和引导实行行业自律性管理。政府把一部分原属于政府的职能，如行业管理、项目评估、市场监管等统统委托给有关中介机构去做。如美国的科技行业协会不仅代表会员利益与同政府及议会沟通协调，也对行业内的成员进行制约。例如，美国国会制定并发布的与科技创新和科技信息服务有关法律、政策有20多个。日本政府在推动科技中介组织与信息咨询行业的发展的过程中起到了主导作用。这些法律规范了创新主体的行为，促使创新主体将国家有关政策落到实处，从政策上保证了科技中介组织与区域创新主体和谐有序发展。

（二）科技中介组织以中小企业为主要服务对象

国际上非常重视中小科技企业的发展，科技型企业创新性强，灵活快速转化科技成果，有效地解决就业问题，有效促进区域经济的发展。科技中介组织主要为中小科技企业提供系列的专业化服务，孵化培育科技中小企业，协助中小科技型企业成果转化。科技型中小企业有自身特点，企业比较灵活，企业创新性强，同时科技型中小企业技术成果转化具有复杂性、间接性和潜在性。科技中介组织为中小科技型企业提供服务，促进中小科技型企业技术成果转化中须获得相关政策的推动。

同时，为了提高科技中介组织对中小企业的服务效能，科技中介组织应实现企业化运作，通过政策的倾斜及优化的激励措施吸引和留住高水平人才，充分发挥科技中介组织高端人才对科技中小企业的全过程服务。例如，美国早在20世纪80年代初就创建了小企业发展中心、中小企业信息中心等科技中介组织。英、法等发达国家的科技中介机构也大都利用各国对小企业的扶持政策，主动与政府合作，为小企业提供各种服务。

（三）提高市场供给与需求的能力,让科技中介组织能够真正在促进科技成果转化

近几年来,发达国家通过许多措施来提高科研成果的供给数量与水平。发达国家通过金融、财务、税收、限额采购政策、资金支持等多项优惠鼓励政策提高科技企业依靠科技中介组织的服务来加快技术创新的能力。甚至,一些发达国家的政府强制科技企业对科技中介服务增大需求。比如,英国、德国的政府就强制规定,必须以招标的方式由科研院所、高校对一些公共项目进行评估。发达国家都非常重视科技中介服务在中小企业发展过程中所起到的重要作用,大都采取了"政府支持+中介服务"的形式来促进中小科技企业的发展。发达国家通常都建立官方性质的科技中介组织在政策、法律、资金和科技信息等方面为中小企业提供中介服务,提高中小企业吸收新技术的能力,以促进中小企业更好地发展。

（四）网络化等基础设施建设是重要保证

发达国家都非常重视科技中介服务的基础设施建设。近年来,在经济发展的前提下,科技中介服务业的网络化和信息化趋势明显。许多发达国家的政府在促进科技中介服务的网络化进程中做了很多努力,实现了不同科技信息资源在网络平台上的交流整合,提高了科技中介组织的服务能力。例如,美国俄亥俄州政府与企业和高校合作的"托马斯·爱迪生工程",在俄州成立了11个企业孵化器。不同网络平台之间各有侧重点,彼此相互独立,但在科研活动和提供科技服务中又相互帮助、相互交流信息,这种网络化的管理大大提高了该州的企业技术创新能力,因而爱迪生孵化器也成为全美最著名的受政府支持的孵化器项目。网络化、信息化等基础设施建设为科技中介组织与创新主体的合作提供了及时必要的信息资源。

## 第二节　国内科技中介组织在区域创新体系中运行经验

### 一、北京科技中介组织在区域创新体系中运行经验

北京的科技中介组织数量在我国名列前茅,北京市的区域创新体系相对完善。北京科技中介组织所包含的行业有技术交易、行业协会、技术评估、技术转让、咨询、知识产权服务以及科技企业孵化器等十几个领域。其中,有几

十家科技中介组织的年服务收入超过亿元。北京市之所以取得如此发展,主要是因为北京市在促进科技中介组织在区域创新体系运行中做了以下工作:

（一）专项基金支持,为科技中介组织的发展提供前提保证

在2004年,北京最先设立专项科技资金,2005年北京市建立"科技中介服务专项"基金。这些专项基金主要用于资助科技中介组织,支持科技中介组织根据企业发展重点和对科技创新的需求提供专业化的中介服务。根据一项对2005年科技中介服务实施成果的调查显示,23家技术交易科技中介组织共进行1086项技术交易项目,交易额达4.6亿元,其中科技中介组织收入达5640万元。28家技术评估中介机构在专项基金的支持下,为科技企业开展技术评估项目达1037个,服务收入达16.4亿元。17家高校科技园区和孵化器依靠专项资金,为676家刚成立的科技企业提供技术方面和环境方面的支持,服务收入达1362万元。通过"科技中介服务专项"资金的支持,政府资金大力引导,激活了北京科技中介组织的发展,提高了专业服务能力,从而提高了资源利用率。

（二）品牌效应发挥作用,高端产业备受重视

从目前的情况来看,北京科技中介组织的发展水平在全国位于前列,例如,新华信、北大纵横、清华科威等知名科技中介组织。这些科技中介正在逐步的向专业化、规范化方向发展,即将带动区域内其他科技中介组织向更快的方向发展。除此之外,北京科技中介组织将工作重心转移到大型项目和高科技产业方面。例如,近几年来,北京技术转移中心十分重视对大型项目和重点科技行业提供科技中介服务,提高大型科技成果和高科技项目转化为生产力的效率,从而带动了高科技产业的发展。

（三）良好的环境,健全的政策、法律措施是支撑区域创新系统有效运行的关键

北京区域经济发展的硬环境、软环境建设和基础设施建设是区域创新系统的基础。从政策角度,政府制定各项激励、优惠政策不断优化北京区域经济结构,以先进技术带动绿色北京的建设。另外,北京市政府为各类科技中介机构制定了行业标准和、行业规范,例如为技术评估科技中介组织、人才培训科技服务中介组织等制定了相关的行业规范,规范其行业行为,以提高其创新服务能力。同时,市政府在环境建设方面,不断健全企业孵化体系和科技服务体

系,把重心放在建设高科技孵化器方面,鼓励建立科技创新中介中心、科技园区,积极鼓励留学人员回国建立企业,鼓励建立外资、合资、国际孵化器等。

(四)相关人才体系比较健全

在北京,大量的科技创新人才为区域创新体系的发展提供了充足的智力支持和人员保证。北京市政府积极鼓励企业与大学、科研机构共同建立科技创新平台、科技中介组织等,以期能够充分利用北京的创新人才队伍。在建设科技中介组织的基础上,鼓励科技企业、大学、科研院所共同承担科研项目,共同研发科技活动,从而提高区域整体创新能力,提高科技成果向生产力转化的效率。北京聚集了中国最多的科研院所、高校,据统计,北京大专院校达100多家,有2000多家科研院所,北京国家级重点实验室数量占全国总数的三分之一。这些科研院所培养出了很多高水平的科技创新人才,其中副高级职称以及以上的研究人员数量达44230人,在京两院院士占全国院士总数的一半以上。

(5)科技中介组织在区域创新体系运行中存在的问题

虽然北京的科技中介组织发展已经处于全国的前列,但是在发展过程中仍然存在一些问题,比如,没有有效地参与到区域创新各个主体之间,科技中介组织没有与科技企业、高校及科研院所等区域创新主体有效地建立科技创新联盟,还有就是科技中介组织主要靠社会渠道和非正规渠道来取得信息资源,因此它处理信息的能力比较弱,服务能力也比较差,从而导致知名度不高。

**二、上海科技中介组织在区域创新体系中运行经验**

上海市的区域创新系统发展水平在全国一直排名靠前。1990年,上海市对浦东进行开发,全力贯彻“科教兴国”战略,为了促进上海市科技企业的发展,促进区域创新系统的发展,上海市建立了包括政府、科研院校、高校、高科技企业及科技中介组织等在内的区域创新系统。为了提高上海市区域发展水平,上海市主要采取了以下的措施。

(一)首先就是为促进科技中介组织快速发展,采取了一系列有效措施

科技中介机构作为市场经济的产物,在区域经济发展中起到纽带作用。因此上海市特别注重科技中介的发展,也采取了一系列的政策支持其发展。首先,上海市政府积极鼓励建立科技中介组织、科技企业孵化器等中介组织,

为科学技术的发展提供全方位的服务；不断完善科技服务体系建设，提高上海市区域创新能力，加速创新成果的转化效率。其次，成立不同的科技中介组织行业协会来规范区域内创新主体行为，鉴定科技中介组织的资格，评定从业人员的水平，严格规范服务标准。这些措施的实施都是为了促进科技中介组织的健康发展。

（二）利用本土优势，密切联系周围城市

上海是一个发达的现代化城市，经济实力很强、基础设施健全，高校和科研院所等科技资源众多，创新资源也非常丰富。但是，在它周边的城市发展也非常快速，毕竟上海作为一个城市单靠自身的发展是不会有很大成就的。因此，上海市在发展过程中应该加强与周边城市的交流与合作，在科技研发、融资投资和技术交易等方面进行合作，争取建立长三角地区更大范围的区域创新系统。

（三）投入新技术，引进国外、境外资金，进一步完善区域创新系统

许多跨国公司在上海建立研发基地，它们吸收了很多国外先进的科研技术，通过与跨国公司进行合作，进一步提高了上海市技术创新的能力。与此同时，这些研发基地为上海培养了更多的高科技人才，科技人才队伍逐步庞大，我们从国外研发组织学习了先进的管理、服务理念和模式，这些理念能够促进上海市科技企业不断完善自身的服务水平，进而推动建立以科技创新企业为主体，在市场经济为导向的前提下，产、学、研相结合的科技创新体系。

（四）支持中小企业进行创新

在区域创新系统中，中小企业也是重要的组成部分，同时，对于中小企业来说，它们拥有自己的技术，但是缺乏创新能力。这就导致了中小企业在创新活动中缺乏自信，难以发展壮大。为了解决该问题，上海市制定了一系列的政策支持，首先，就是在资金上支持科技中小企业的发展。例如，为中小科技企业进行科研活动提供资金支持以及税收优惠等政策，缓解了这些科技企业缺少资金、融资困难的问题。其次，对各种行业协会进行培训，促使各行业协会能够为中小企业制定优良的发展模式。其三，为提高企业创新能力，应该建立完善的服务平台，为科技创新企业提供技术、融资、人才等资源。

（五）注重人才培养，为上海市区域创新活动提供源源不断的动力支持

虽然上海市大学、高校和科研院所的数量比北京少很多，但是上海市制定

了很多吸引人才的政策,以吸引高科技创新人才流入上海。例如,为博士后研究生提供暂时性住房,在吸引高科技人才方面,允许配偶和未成年子女随调随迁,并在户口、入学方面给予帮助等。上海市还积极实施"三个千人计划",希望凭借高科技人才来提高区域内整个人才队伍水平,满足区域内科技创新企业对不同层次人才的需求。同时建立完善的企业人员考核与奖励制度来提高不同层次人才的积极性,增强科技人才的创造动力,从而为上海市区域科技及经济的发展提供智力支持和人才保证,促进区域创新能力的提高。

(六)上海市科技中介与区域创新主体协同发展的现状及存在的问题

尽管上海科技中介与区域创新主体协同体系比较完善,但是,科技中介与政府、企业、大学及科研机构等区域创新主体协同发展方面仍然存在着许多不足。政府职能转变不到位,行业进入难。科技中介外部的制度环境、行业规范、地方性法规还不完善,管理体制不顺等不能保证科技中介有秩序运营,这就需要政府加大力度完善相关制度体系,以便科技中介成为独立运作主体。由于对科技中介的价值缺乏足够的认识,产学研合作需要继续深化,如科技成果转化方面来看,据调查,上海的科技成果能够实现转化的比率还是比较低。科技中介协同作战能力,市场化运作方面还有很大的提升空间。科技中介机构的投融资体系需要进一步完善。

**三、深圳科技中介组织在区域创新体系中运行经验**

深圳市是我国设立的第一个经济特区,在建立伊始,创新能力比较薄弱,创新资源比较缺乏,慢慢成长为我国创新能力强、创新技术产业发达的城市之一,这主要是因为深圳市建立了区域创新系统,还有政府政策的支持。深圳市区域创新系统建设的经验如下:

(一)鼓励企业进行自主创新

深圳市的高校和科研院所比较少,因此区域内科研院校的创新能力严重缺乏,区域创新能力的提高只能依靠科技创新企业,这就使得深圳市要将提高创新能力重点放在科技创新企业上。为此,深圳市制定了一系列的鼓励政策,鼓励企业加强自主创新能力建设。不仅在资金上支持科技企业进行自主创新,也从政策上鼓励其大胆创新。在科技资金的支持下,深圳市形成了许多具有竞争力的技术产业群,例如,通信设备制造产业群、计算机制造产业群、电池制造产业群、平板显示产业群、生物制药产业群等。这些技术产业已经发展成为深圳市第一支柱产业,大大增强了深圳市区域创新系统的创新能力。

(二)政府有利政策支持高新科技企业进行自主创新,深圳市逐步发展成为国家创新型城市

为完善区域创新体系,深圳市相继颁布和贯彻了七十多部全面涉及创新体系的法规和政策,从而完善了该区域的法规政策体系,为深圳市区域创新系统的发展提供了政策支持。1998 年,深圳市颁布了《关于进一步扶持高新技术产业发展的若干规定》,明确提出促进高科技产业的发展,进一步完善了促进高新科技产业发展的政策法规。2004 年深圳市制定了《关于完善区域创新体系,推动高新技术产业持续快速发展的决定》,第一次明确提出创建区域创新体系。为了落实《深圳国家创新性城市总体规划》,深圳市在 2010 年又制定了许多贯彻性措施,强化政策引导的作用,同时成立了国家创新型城市建设专项基金,为科技中介组织的发展提供了资金支持。

(三)充分利用风险投资资金,拓宽深圳区域创新系统的融资渠道结构

风险投资的规模和水平,是一个城市区域创新环境优劣的重要表现。据统计,深圳风险投资供给水平在全国排名领先。目前,深圳市有 193 家提供风险投资资金的风投公司和管理公司,数量在全国排名第一。在 2010 年的风投会议——第十二届中国风险资本论坛中,红杉资本、软银中国、摩根大通、IDGVC 等投资组织为深圳市带来的投资多达 200 多亿美元。到目前为止,深圳市区域创新体系的融资渠道包括风险投资组织、政府中小科技创新企业资助体系、高新科技企业信用担保系统、高科技技术交易组织等比较健全的系统。

(四)借鉴美国硅谷吸引人才的经验,吸引科技创新人才进入深圳

借鉴美国硅谷的经验,深圳市制定各种优惠鼓励措施吸引高校、科研机构和科技创新人才进入深圳。据统计,在深圳虚拟大学校园里,有 40 多家科研机构建立了完善的学士、硕士、博士教育系统,北京大学、清华大学、哈工大等高校都相继在深圳成立研究生院、博士后工作中心。到 2007 年年底深圳市博士后共完成科研活动 383 项,其中 100 多项科研成果成功实现产业化。另一方面,通过制定激励、优惠措施,使企业成为吸引科技创新人才的主体,成为科技研发投入、科研成果转化和科研成果产出这一系列科技创新过程的主体。

企业作为区域创新人才集中的中心成为深圳市区域创新体系最突出的特点。比如,以华为、中兴、腾讯等为代表的科技企业,每年在创新资源和创新成本上都花费很高,这就促使大量的高科技创新人才进入深圳。

### 四、江苏科技中介组织在区域创新体系中运行经验

江苏省非常重视科技中介组织在区域创新体系中的有效运行,江苏省科技厅推动的院省合作项目取得了显著成效;各市科技管理部门积极举办各类技术成果交易活动,有力促进了企业与高校和科研院所的科技合作;在科技中介服务机构建设上的投入也逐年增加,各级科技管理部门还扶持或兴办了一批科技中介服务机构。到2003年年底,江苏全省共有生产力促进中心49家,其中国家重点示范生产力促进中心1家,国家级示范生产力中心5家,居全国首位,江苏省管辖市都建立了市级生产力促进中心;各类科技孵化器共28家,其中国家级10家,专业型孵化器2家,国家级孵化器数居全国第一;情报所近70家,建成了覆盖全省各市县的科技信息网络;全省共有技术市场20家。各类科技中介服务机构在资源整合、技术推广和转移上正发挥着越来越重要的作用。主要体现在以下几个方面:

（一）科技投入逐步加大,提高科技成果向产业化转化的效率

《中国区域创新能力报告》总策划、中科院研究生院管理学院教授柳卸林通过分析表明,江苏省区域创新能力的迅速进步促进了江苏省区域创新能力的增强。而江苏省区域创新能力的进步源于其科技投入资金不断增加以及科技成果转化率不断提高。据统计,从2004年起,江苏省政府专门成立重大科技成果转化基金,为江苏省区域创新系统的科技研发活动提供了必要的资金。除成立专项基金之外,江苏省还制定了中小科技企业贷款担保和风险补贴基金等鼓励措施,使得金融性资本能够进入科技成果转化的过程中去。据统计,2009年江苏省设立专项基金共计58.4亿元,累计销售收入达902亿元,共完成了543个重要的科技转化项目,创造核心技术共计500多项,申请专利7572项。

（二）明确的战略目标,确定有效的发展战略

江苏科技中介服务业发展的远期目标:立足服务于科技创新、科技发展,支持区域社会、经济、科技和人的全面协调发展和江苏两个"率先"的实现,基

本建成基于先进网络技术,功能比较完善,基本适应市场经济要求,满足社会、经济发展中中小企业创新服务需求的高效、安全、可信、开放的现代科技创新服务网络体系。江苏科技中介服务业的发展战略主要是五个战略方向:差别化、错位发展战略;品牌战略;平台提升战略;人才战略;国际化战略。从这五个战略方向着手建立符合市场经济发展要求并与科技中介服务业特点相适应的政策法规体系、组织管理模式和运行机制;形成体制合理、机制灵活、竞争有序、诚信经营的良好发展环境;培育一批具有较大业务规模和较强核心竞争力的重点骨干机构,使江苏科技中介服务业的总体规模再上一个台阶;建成自主流畅、开放的技术转移平台和共性技术服务平台;构成开放协作、综合配套、高效运行、能基本满足区域科技创新需求的科技中介服务网络体系,为创新、创业提供有力支撑。

(三)科技中介服务业发展的技术设施越来越完善

科技中介服务业的发展需要整个社会经济的发展,需要以信息技术为代表的基础设施的支撑。江苏省近年来加大了对各类基础设施的投入,不断改造已有的基础设施,新建各类新型设施,加强信息化建设,已基本建成覆盖全省市、县的科技信息网络,省情报所已建成多个数据库可供全省范围内各类科技中介服务机构共享。

(四)江苏科技中介服务业发展所需的人力资源越来越丰富,质量也越来越高

在知识经济时代,谁真正拥有高层次创新型人才,谁就能占据发展的制高点,实现区域创新的大发展。一方面,江苏省一直是我国经济、教育和文化大省,各类知识型服务人才资源丰富。同时由于江苏省的经济和文化优势,吸引了全国各地的知识型服务人才到江苏从事科技中介服务业。另一方面,江苏科技中介服务业从业人员数量增加的同时,从业人员的素质正在不断提高。受过高等教育的科技中介服务从业人员数占总从业人员数的比重越来越高,一大批具有硕士、博士学位的高学历人才以及各类专家学者都不断参与科技中介服务业的研究和发展工作。

江苏科技中介服务业在快速发展的同时,也面临许多问题,既有发展环境方面的,也有行业发展层面上的,还有科技中介服务机构自身的。第一,整个江苏的科技中介服务机构还没有形成体系完整、分工明确的中介服务体系,且

缺乏骨干科技中介服务机构,缺少有影响的品牌业务。第二,目前江苏各类科技中介服务机构自主发展的机制还没有完全形成。第三,江苏科技中介服务机构的服务能力有待提高。第四,行业的组织和管理规范、行业技术标准有待制定和完善。

**五、国内科技中介在区域创新体系中运行示范区**

(一)中关村科技园区

中关村科技园区建于1988年,位于我国首都北京,是中国建立的第一个国家级高科技研究园区。目前,中关村是中国教育资源最丰富,创新能力最强、创新最有活力的地区。中国最著名的高校:以北京大学、清华大学、人大等为代表的高等院校以及中国科学院、中国工程院、北京生命科学研究所为代表的200多家科研机构都集聚在此。另外还吸引了联想、用友、百度、微软、Google、诺基亚等2万多家高新技术企业把研发机构设立在中关村;还有很多国家级科技实验室、工程技术研究中心、科技企业孵化器、高校科技园等科技研发机构。

中关村的创新能力在中国居前列,每年研发出1000多个高科技成果,领域涉及电子信息、清洁能源、生物工程与制药、新材料等朝阳产业,强大的创新能力吸引了大量的境外风险投资资金投入该区域,该区域已初步形成了集软件、计算机、网络、通信等的高科技产业集群,可以说中关村在高新技术研究方面走在了中国前面。中关村科技园在提高自主创新能力方面做出的努力主要体现在以下两个方面:

(1)建立以科技企业为主体、市场为导向、产学研相联系的科技创新体系。在建立这个体系的过程中中关村相关负责机构要从以下四个方面做出努力:一是加大科技投入。不仅政府要对科技创新的投入,政府还要积极鼓励企业加大对科技创新的投入,使科技创新企业的科技研发活动有充足的研发资金。二是建立完善的研发机构。鼓励有条件的大中型企业建立科技研发机构或实验室,增强企业的自主创新能力,而不仅仅只是借鉴或者引进、吸收其他机构先进的科研成果。另外,企业也要积极地与科研机构、高校、大学加强交流与合作,以便能够相互借鉴各自的优点,在科技成果向生产力转化的过程中共同承担风险,共同享有利益,形成双赢的局面。三是重视中小科技企业和民营科技企业的发展。大力支持中小企业进行自主创新活动,中小科技企业有较强的市场适应能力、运行机制比较灵活,理应在促进经济发展和自主创新中占有一定地位。四是使各类科技中介组织的重要作用得到充分发挥。提高科技中介组织的专业化服务水平,扩大其发展规模,规范其服务行为,不断提高其网络化、信息化水平,全面提高科技中介组织的服务能力,满足科技发展和科技创新对科技中介组织的服务需求。

(2)制定有利于自主创新的政策措施,创造良好的制度环境。在制度方面要从以下三个方面来做:第一,在税收上要制定能够促进自主创新的税收优惠政策,扩大政府资金数额以采购更多的科技企业自主创新产品。积极扶持科技中介组织的发展,组织相关专家对科技中介组织进行技术指导和服务指导;第二,要制定能够提高自主创新能力的融资政策,积极鼓励金融组织对重要的高端的科研活动及科研成果转化项目在信贷方面给予优惠,甚至政府可以无偿提供科研资金。第三,建立相关制度,扩大对知识产权的保护力度。要强化科技企业的知识产权保护意识,增强科技企业创造、应用和保护知识产权的能力。完善知识产权交易制度,强化知识产权制度对自主创新的激励作用。在技术创新的全过程中要实施知识产权管理,真正将知识产权落实到实处。

(二)上海紫竹科学园区

上海紫竹科学园区由政府、投资公司和几个高校在 2001 年出资共同设立。聚集了人才、资本等创新资源优势,按照市场规律运行,由大学园区、研发基地和浦江森林半岛三部分组成。该园区在发展模式上借鉴美国硅谷、台湾新竹园区的成功经验,在发展方向、合理布局、行业设置等方面进行科学规划,并且为科研活动创造良好的科研环境、投资环境,争取使其能够成为世界前沿的科技创新园区。在提高自主创新方面主要从以下两方面来开展:

(1)"政府、民企、大学"三者相结合的运行模式提高了自主创新能力。由政府在政策、财政上支持科研活动的开展,由大学、高校提供科研成果,由企业进行转化,三者在科研成果的研发及向生产力转化的过程中各司其职,相互配合、相互扶持,按照市场化的运作方式来运营,共同促进自主创新能力的提高。"政府、民企、大学"三者相结合的运行模式是上海紫竹科学园区在体制上的创新,能够减小政府在科研过程中所承担的风险和缓解融资困难等问题,从而使得该园区的自主创新更加具有效率。

(2)高度重视科技人才的培养及吸收。上海紫竹科学园区目前有40多位工作人员,而且40%以上拥有硕士学历,其中有不少是海归派,创新人才为该园区的创新活动提供了源源不断的智力支持,从根本上提高了该园区的综合创新能力。上海紫竹园区重点发展数字技术、微电子、光电子以及生命工程等新兴科技行业,该园区还可以与上海的其他园区在科技发展方面相互借鉴,与交大、华师大等的相关科技人才加强交流与合作,这样这些学校的大学生可以将自己所学的专业知识在科技企业中进行实践,科技企业可以得到科技人才和技术方面的支持,双方实现共赢。

从以上的分析中可以看出,上海紫竹科学园区之所以发展得如此迅速,水平在我国居于前列,是因为创造了"政府、民企、大学"三者相结合的运行模式,三者在科技创新的过程中合作得很成功,这一系列的环节都运行好了,科技创新能力就能在很大程度上得到提高。

(三)台湾新竹科技园区

台湾新竹科技园区建立于1980年,许多高科技企业进入了台湾新竹科技园区,涉及的领域主要集中在半导体、计算机、通信、光电、精密机械与生物技术等方面,在半导体制造、电子信息技术领域居世界前列。经过几十年的发展,新竹科技园区现已成为台湾的科技中心,并且形成了自身的特色产业群。台湾新竹科技园区之所以发展迅速从总体上来看主要有以下几方面:吸引了大量的高层次科技创新人才,风险投资的资金支持,为新竹科技园区的发展创造了优质的创新资源;建立了在政府政策引导下的市场起基础性配置资源作用的发展模式,既能发挥政府的政策、财政导向作用,又能发挥市场基础性配置创新资源的作用;良好的自主创新硬环境,比如,优美的居住环境,便利的交通,优越的位置,完善的配套设施;有利的创新软环境,比如,大胆的创业省、广泛的国际交流与合作等。具体表现在以下四个方面:

(1)形成了主导产业,为科技创新创造了基础。台湾新竹科技园区形成了独特的以半导体、光电、计算机和通信产业为核心的产业集群,其中电子信息制造业在世界范围占有一席之地,其电脑显示屏、计算机、微芯片、扫描仪制造占世界大部分的份额。由于集聚了像联华、华邦、旺宏、华茂等许多世界著名的半导体制造企业,使得台湾新竹科技园区成为世界第四大半导体制造中心。主导产业的建立大大提高了新竹科技园区的自主创新能力。

（2）非常重视电子信息技术创新，大力吸引科技创新人才。台湾新竹科技园区非常重视电子信息技术创新，从一开始单纯地引进信息技术，到后来慢慢形成了一条自主技术研发的道路。近年来，创造的自主知识产权数量不断增加，而且这些科技成果中许多都处于世界前沿。另外，台湾新竹科技园区非常重视培养现有的科技人才，还大力吸收海外科技创新人才，从根本上保证了该园区创新能力的增强。

（3）科研院所为新竹的技术创新提供了很大的帮助。研究院所、高校能够为科技企业培养创新人才，还能为企业提供科技创新项目，大大提高了科技企业进行科技创新的效率和水平，科技企业的技术专利不断增多，创新能力不断增强。

（4）建立了"官、产、研、学"四位一体的综合创新体系。在这个创新体系中，科技创新企业是主体，台湾当局为科技创新创造良好的制度及财政支持，研究院所和高校主要提供科技研发成果，并培养、培训科技创新人才。三者的和谐合作为科技创新提供了全面的保障。

# 第四章 科技中介组织在区域创新体系中运行的系统分析

## 第一节 系统与系统论

### 一、系统思想与内涵

系统的概念已经非常普遍的存在于现代生活中,它存在于自然界、人类社会以及人们的思维之中,在我们的日常生活中人们也经常称这种或那种对象为系统。例如,人们常说的天体系统、交通系统、大气系统、科技系统、语言逻辑系统等。

"系统"这个概念非常的古老。"系统"一词最早来源于希腊,原意是由多部分组成的整体,或者说是处在相互关系和联系中的要素集合,它构成某种整体性和统一性。由于人们的使用和理解的不同,"系统"在内涵上往往是不同的。在很早以前,人们就已经在运用系统思想来分析和处理问题了。例如,我国古代的都江堰工程、皇宫修复工程就是系统思想来分析和处理问题的典范。随着人类社会的发展,科学技术的对象日益复杂化,科学技术活动本身也日益社会化、大型化,这些变化迫使人们在逐渐运用系统思想去分析、处理问题,经过科学的抽象和概括,形成了系统方法。系统论的渊源是辩证法,它强调从事物的普遍的联系和规律中分析问题,通过科学的以及精确的方法,定量的描述系统极其发展变化过程。

系统论的创始人贝塔朗菲认为系统是一个相互联系的整体,并且与外部环境发生着相互关系。从上述定义中我们可以看出它主要强调了两个方面:一是系统是由相互联系的部件元素或者是要素构成的;二是系统不是独立存在的,而是与外部环境发生密切联系,即它的存在和外部的环境有着密切联系,受到外部环境的影响。我国著名科学家钱学森对系统也做了定义,即系统是"由相互依赖和相互作用的若干组成部分或要素结合成的具有特定功能的一个有机整体,而且这个'系统'本身又是它所从属的一个更大系统的组成部分。"现在,由于人们对系统进行研究的着眼点的不同,所以关于系统的定义的表述方法也不尽相同。尽管这些定义的侧重面不同,但其基本内容还是相同的。目前,普遍的定义是:系统是由相互作用和相互依赖的若干组成部分结合而成的具有特定功能的有机整体,而这个整体本身又是它所从属的一个更大系统的组成部分。我们这里研究的系统,是系统科学所研究的特定对象,它的内涵如下:系统是相互联系、相互作用的许多组成部分结合在一起的、具有一些特定功能的有机整体,并且这个系统又是外部大系统中的一个子系统,受到外部大系统的影响。总之,无论是从哪个视角分析系统,系统都是由相互联系以及相互影响的若干部分组成的具有特定功能的有机体。

## 二、系统的复杂性

### (一)复杂系统

目前对于复杂系统的内涵及特征还没有达到统一的认识和理解。在存在的相关概念中,大多数认为复杂系统有多种要素或者子系统组成,多种要素或者子系统之间具有复杂性和不确定性,相互之间的关系难以明确的描述。通俗的理解,复杂系统由很多个交互部分所构成的,这些部分在特定的空间、时间或功能结构的自发作用下,能够展示出新颖的宏观集合行为[1]。复杂系统模型能仿真多种现实情境,包括气候、激光的光线相关散射、化学反应扩散系统、股市、地震预测、高速交通系统、大脑、社会系统,等等。复杂系统在现实中是普遍存在的,相关的研究和内涵也非常的多,如:复杂性科学、突创论[2]、小型世界、生命网络[3]、模糊思维、全球复杂性,以及商业长尾效应[4],等等。复杂性科学渗透到了人们日常生活的各个领域,复杂性科学技术也进行了我们

---

[1] Brian Castellani,Frederic William Hafferty:*Sociology and Complexity Science—A New Field of Inquiry*. Understanding Complex Systems, 2009,2:31-245.

[2] John H. Holland:*From Chaos to Order*. Cambridge,1998,121-134.

[3] Fritjof Capra :*The Web of Life*. New York,1996,14-16.

[4] Chris Anderson:*The Long Tail:Why the Future of Business Is Selling Less of More*. Hyperion Books 2006,236-245.

的日常分析问题和解决问题。

复杂系统是由很多相互独立但又相互依赖的子系统所构成的进化网络，与简单系统的区别在于复杂系统能够基于简单的规则（或者称模式、联结）对其子系统进行自组织，而构造形成更高等级的复杂性①。因此复杂系统就是简单系统按照规则自组织演化的结果，而复杂系统理论则是一般系统理论的演化结果，演化的路径由所采用的规则确定，尽管规则多样导致演化路径有多条，但无论哪条途径都强化了系统的动力学和复杂性特点②。目前系统科学的大量工作主要是探索复杂系统的规律，开展复杂性研究③④。

复杂系统的明显特征是复杂性，复杂系统的目标是复杂的，往往由多个目标构成的。构成复杂系统的要素和子系统众多并且复杂，复杂系统的要素和子系统之间，系统和构成要素之间，系统和外部环境之间关系复杂，相互作用方式多样化。开放性使系统具有主动适应和进化的能力⑤。

非线性是复杂系统另一个特征。复杂系统由大量的非线性关系的子系统组成并相互作用，非线性尤其体现在系统内外部环境因素的非线性。

复杂系统具有进化涌现性。基于系统的自组织，各个子系统及系统和环境之间交互作用，从整体上演化、进化出一些独特的、新的性质。由进化非线性导致的质变，在复杂系统中称为涌现（或"突现"）⑥。

基于复杂系统的特征，我国成思危教授认为：复杂系统是由不同的部分构成的整体，是多个层次和多个结构的系统，具有动态性、开放性和持续的自我完善等特征⑦。

---

① Brenda Zimmerman, Bryan Hayday: *A Board's Journey into Complexity Science Lessons from (and for) Staff and Board Members*. Group Decision and Negotiation, 1999, 8: 281–303.

② 王其藩、余丽娟：《论组织的设计和重构——兼论新的一场组织与管理模式的革命》，《系统工程理论方法应用》1995年第4期，第1—10页。

③ 张嗣瀛：《复杂系统与复杂性科学简介》，《青岛大学学报》2001年第16期，第25—28页。

④ 赵光武：《深入探索复杂性》，《系统辩证学学报》2001年第9期，第1—2页。

⑤ 戴汝为、沙飞：《复杂性问题研究综述：概念及研究方法》，《自然杂志》1995年第17期，第73—78页。

⑥ ［美］霍兰：《涌现》，陈禹等译，上海科学出版社2001年版，第4—9页。

⑦ 曹忠胜、刘二中：《组织与自组织》，《自然辩证法研究》1995年第3期，第25—29页。

（二）自组织理论

与人造系统不同，自然界中的组织形态仅受系统内部机制的支配，通过系统各个部分的协同作用，自排列自组织构成一个有组织有结构的整体。受此启发，如果系统在获得时空结构或功能结构的过程中没有外界的特定干预，便称该系统是自组织的①。按照发展路径，自组织理论体系经历了从耗散结构理论，到协同学，再到混沌、分形、量子系统、非物理系统等复杂性科学领域的发展过程。

耗散结构理论由普利高津创立，用以概括在远离平衡态并满足特定条件时，在开放体系中自发形成的一种时空周期结构或功能结构。耗散结构理论研究自组织现象的热力学方面，由此形成了自组织思想的雏形。

协同学由 H. 哈肯提出②，该理论认为系统的性质取决于构成系统的子系统之间的运动状态。协同学采用相变理论中的序参量概念来描述一个系统的宏观有序的程度，序参量支配和主宰系统从无序到有序的转变，从而能够统一解决系统从无序转变为有序的过程。系统的子系统之间复杂的相互作用下，如果子系统之间有序的运动趋势超过了子系统之间无序的运动趋势，即子系统之间有序的运动趋势占据了主导地位，因而系统总体上处于有序运动中。协同学规范了自组织研究的理论体系，并由此揭开了基于统计物理、非平衡态热力学及动力系统理论及相关学科的自组织现象研究。

以混沌动力学引领的混沌、分形和弧子理论将自组织研究上升到了更高级、也更普遍的复杂性科学层面。上述理论的相继问世和演进，形成了当今自组织科学的复杂性演化的路径。混沌动力学包含了看似随机的过程③，其理论可用于分析非线性和动态性的开放的系统，是理解复杂系统的有效工具和手段。系统的非线性和随机的特性导致系统的长期行为难以预测④。混沌是结构相对比较稳定、各要素及各子系统的关系明确的非线性系统在运动中产

---

① ［德］H. 哈肯：《信息与自组织》四川教育出版社 1988 年版，第 24—26 页。

② ［美］H. 哈肯：《高等协同学》，郭治安译，北京科学出版社 1989 年版，第 34—45 页。

③ Becker J. L. Sarin R. K.：*Lottery Dependent Utility*. Management Science，1987，33：1367 - 1382.

④ 刘洪、李必强：《混沌理论的未来观及其对技术经济预测的影响》，《科技导报》1995 年第 12 期，第 7—10 页。

生的随机动态行为①。混沌中的杂乱无章是相对的,在无序混沌中是能够把握有序的规律②,是没有明显周期性和对称性特征的有序状态。由于确定性系统的缘故,混沌系统实质是表现出类似随机性的行为③。决定混沌系统特征的是其子系统之间的相互作用和运动状态。当各子系统之间的相互关联的运动态势超过各子系统独立运动的态势时,系统有序。反之,各子系统独立运动的态势超过各子系统之间的相互关联的运动态势时,系统无序。

协同学规范了自组织研究的理论体系,并由此揭开了基于统计物理、非平衡态热力学及动力系统理论及相关学科的自组织现象研究。以混沌动力学引领的混沌、分形和弧子理论将自组织研究上升到了更高级、也更普遍的复杂性科学层面。上述理论的相继问世和演进,形成了当今自组织科学的复杂性演化的路径。

耗散结构理论由普利高津创立,用以概括在远离平衡态并满足特定条件时,在开放体系中自发形成的一种时空周期结构或功能结构。在开放系统从平衡态到近平衡态再向远离平衡态推进过程中,在到达远离平衡态的非线性区时,一旦系统的某个参量变化到一定的阈值,系统就有可能从稳定进入不稳定,即耗散。于是,由原来无序的混乱状态转变到一种新的有序状态。系统需要不断地与外界交换物质和能量,才能维持这种有序状态,并保持一定的稳定性,且不因外界微小扰动而消失。

该学说认为系统的性质改变是由于系统的子系统间的相互作用和相互影响所导致的。任何子系统的运动趋势是无序态势和有序态势两种,无序态势容易导致系统瓦解;有序态势则容易促进子系统之间的有机协调,进而导致总系统的有序发展。总系统的运动态势取决于子系统的无序运动和有序运动中哪一种运动趋势占主导。系统的自组织实质上是开放系统在一定条件下的自发地协同而形成有序的过程。协同学采用相变理论中的序参量概念来描述一

① Charlene Riggle, Gregory Madey: *An analysis of the impact of chaotic dynamics on management information flow models*. European Journal of Operational Research, 1997, 103: 242–254.

② Jonathan Benoor and Pilot Swistak: *The Evolutionary Advantage of Conditional Cooperation*. Complexity, 1998, 4: 15–18.

③ Abraham Megrez: *The interface between OR/MS and decision theory*. European Journal of Operational Research, 1997, 99: 38–47.

个系统的宏观有序的程度,序参量支配和主宰系统从无序到有序的转变,从而能够统一解决系统从无序转变为有序的过程。

(三)系统分析方法

在系统理论指导下的系统分析方法,要求从整体的角度来分析问题和解决问题。系统分析方法在分析问题和解决问题时,要求考虑到系统的外部环境的影响并动态的考虑各个要素及各个子系统的特征及变化趋势,从整体上找到一种相对的最优化解决方案,找到一种系统化的解决问题的办法。任何系统都有从产生到成长到成熟到灭亡的生命周期过程。因此,在研究系统时,应当把系统生命周期的各个阶段都加以研究,以形成全面客观的认识。

系统论方法的显著特点是整体性、综合性和最优化。整体性是系统论方法的基本出发点。由于系统是由各部分相互联系、相互作用结合而成的有机整体,而不是其各个组成部分杂乱的组合在一起的,因此要求人们把系统作为整体来对待,从系统的整体与部分的相互联系、相互作用的关系中来把握系统的整体特征和运动规律。系统方法的综合性是在对系统进行研究时,把系统作为一个综合体来看待。这就要求人们从它的组成要素、功能、结构、相互联系的方式等方面进行综合的、系统的分析问题。最优化是使用系统方法所要达到的目标。系统方法可以根据需要为系统定量地确定出最优目标,通过协调整体与部分的关系,使部分的功能和目标服从系统整体的最佳目标,以达到整体最优。

系统分析方法是由许多方法融会和综合在一起所形成的一种综合分析方法。利用系统分析方法分析问题和解决问题时,首先,要有整体系统观的指导,要全面分析整个系统的特点及系统与外部环境的复杂关系,有效并科学的把握系统的复杂动态演变过程及系统的演变趋势。同时,在整体系统观念的指导下要系统分析和研究构成系统的各子系统的特点及各子系统复杂相互关系,深刻认识子系统的运动状态和运动趋势,在对各子系统分析和研究基础上上升到整个系统的分析。

其次,要依靠现代科学技术和管理决策技术的支撑,在具体的系统研究时,要先将系统简化为文字模型、数学模型、符号模型、图形模型等,模型是进行了现实系统的合理抽象,不论是简单系统还是复杂系统都离不开建模抽象过程。对于复杂系统,除了简化为模型外,还需要更复杂和多样的非线性分析处理技术,从混沌和模糊中找出规律。另外,系统论方法既包含对问题与各成分的关系分析,又包含问题的动态演进分析,还需要建模或仿真,是问题分析、问题建模、问题处理以及处理反馈的整体方案。

比较具有代表性的系统论方法分硬系统方法论和软系统方法论两种,前者又指霍尔三维结构或霍尔的系统工程(1969年提出,为解决大型复杂系统的规划、组织以及管理等问题提出的系统方法)。硬系统方法论是时间维、逻辑维和知识维三维空间结构,即在一定的动态时间范围内将系统工程整个活动过程分为前后紧密衔接的几个阶段,并且要求考虑为完成这些阶段所需的各种专业知识和技能。该三维结构体系能够形象和全面的描述出系统工程研究的框架,硬系统方法论的核心是优化。由于人们对问题要解决的目标、衡量问题的标准以及问题本身的界定是不同的,所有硬系统方法论在扩展到大型系统应用以外的其他领域后,特别是处理存在利益、价值观等复杂性问题的社会现象时,就没有了优势。软系统方法论由切克兰德在20世纪80年代创立的。对非结构化的问题,就要采用软系统方法论来求解。软系统方法论的核心是一个动态的学习过程,它需要的是不同观点的人们,通过相互交流,达成共识。

## 第二节　区域创新系统结构模型

基于以上对系统思想及系统科学的研究,为我们对区域创新系统的分析打下理论基础。区域创新系统是一个大系统,而且是一个复杂的大系统,具有动态性、开放性和持续的自我完善等特征。构成区域创新系统的要素和子系统众多并且各要素和各子系统之间发生着复杂的相互作用,区域创新系统受外部环境的影响,并且与外部的系统之间发生着复杂的相互影响。在外部环境的影响下,构成区域创新系统的要素和子系统相互作用和运动,推动着区域创新系统的运转。

如图4—1科技中介组织在区域创新体系中运行的系统结构模型所示,在区域创新体系中,尽管政府、大学、科研机构和企业等区域创新主体要素之间发挥各自作用对促进区域创新体系的运行和建设非常重要,但是区域创新体系作为一个复杂的系统,区域创新主体之间的互动合作是提升区域创新系统运行效率的关键。科技中介组织是企业、大学和科研机构等区域创新主体之间互动合作的纽带,为区域创新主体提供良好的专业化服务。同时,区域创新主体又影响到科技中介组织的发展和作用的发挥。可见,科技中介组织与区域创新主体之间是相互影响,相互作用的。

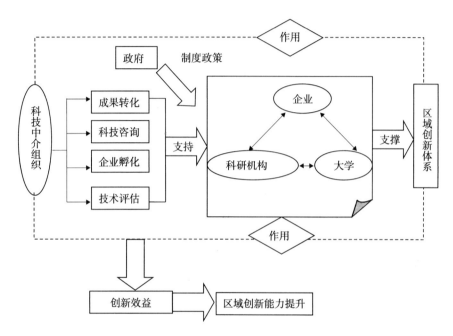

**图4—1　科技中介组织在区域创新体系中运行的系统结构模型**

　　区域创新体系的建设和运行离不开科技的推动作用,离不开科技中介组织的专业化服务黏合剂作用。通过图4—1科技中介组织在区域创新体系中运行的系统结构模型分析,大学、科研机构和企业之间的资源共享与合理分工,能有效地实现区域创新体系的运行和建设。

　　如图4—1所示,区域创新系统内的政府、大学、科研机构和企业之间通过科技中介连接在一起,从而形成区域创新系统。如图4—1所示,政府是宏观调控的子系统,为企业、大学及科研机构提供政策支持。企业是与市场接触最为紧密的区域创新主体,企业最终将大学或者科研机构的科技成果以产品或者服务的形式推向市场。大学和科研机构主要是进行科学研究、人才培养和技术咨询服务。科技中介是一座沟通政府、企业、大学及科研机构之间协作与沟通的桥梁。区域创新系统的进步与发展就如同化学中的电解反应。在这个反应中,科技中介是电解液,政府、企业、大学及科研机构是电解质,区域创新主体因为科技中介的存在而进行特殊的反应,进一步的沟通交流,动态协同,进而促进整个区域创新系统的高效运转。

科技中介的存在就是加快企业与大学及科研机构的对接,加速对大学和科研机构的研究成果进行筛选和提取,提高科技成果转化的效率,有助于提升企业与大学及科研机构的合作效率。大学主要是人才培养和提供科技成果为社会服务等。人才是区域创新主体有效运行的重要支撑力量。在科技中介组织的"黏合剂"作用下,通过人才市场为政府、企业、科研机构和科技中介组织建立动态协同及沟通机制,让政府、企业、科研机构和科技中介组织获得符合需要的人才。科研机构组织与企业进行动态沟通机制促进了科研成果的转化和商品化。当进行技术推动的技术创新活动时,科技中介组织与企业进行动态沟通,及时判断该技术的先进性和市场化的潜力;当进行需求拉动型的技术创新活动时,科研组织将及时把握市场需求信息,及时向大学、科研机构和企业传递,进而促进了科研成果的及时研发和转化。如:工程技术中心及生产力中心等科技中介组织直接参与研究。产权交易中心和科技招投标服务机构是技术扩散和市场化的重要渠道。科技企业孵化器等科技中介组织是培育科技中小型企业发展科技中介组织综合体。低碳交易中心等科技中介又是发展低碳经济的关键载体。因此,科技中介的健康发展与良性运作能有效协调政府、大学及科研院所、企业之间的关系,起到桥梁和纽带作用。科技风险投资机构和创业融资服务和担保机构等为解决中小企业融资问题具有重要的作用。

## 第三节　区域创新系统发展模式

区域创新系统的发展模式及影响因素有许多学者进行了研究。Easterby(2008)为代表的一些学者都认同问题的根源在于:跨理论和实践的区域创新体系,其本质会带来"竞合困局",即一方面主体为了获取最大互补能力,要充分的合作,相互交换知识;但另一方面越充分的合作越增加了知识溢出的风险,增加了主体间未来发生竞争的可能性。Arend(2005)建议要充分发挥政府和科技中介的作用,满足区域创新体系发展的两个要求:一是监管机制能真实反映出何时出现问题；二是有可信的第三方能切实处罚破坏创新体系者。Dries 等（2010）从技术层面上提出了区域创新主体加强合作、减少竞争的策略，归纳如表4—1示。

**表4—1　区域创新主体合作策略**

| | 策略名 | 描述 | 优势 | 责任、义务和要求 |
|---|---|---|---|---|
| 加强合作策略 | 采取超越边界行为 | 将各创新主体的工程师们集合一起，开展长期互访、联合培训等 | 在日常运营中建立稳固的人事关系，增强合作伙伴间合作的积极性 | 跨越边界主体应具备合作需要的相关领域技能 |
| | 安装相似技术装备 | 购置与合作伙伴相似装备 | 在细节上深入理解合作伙伴的产品技术，增强创新主体间合作的能力 | 需增加直接成本，如设备购置费等，和间接成本，如间接交易费等 |
| 减少竞争策略 | 界定主体任务范畴 | 明确分离各创新主体责任 | 避免合作伙伴间传递敏感信息 | 过于严格的责任界定可能会降低创新体系应对特殊情况的能力 |
| | 界定主体知识范畴 | 明确分离各创新主体技术专长，根据知识范畴对知识产权作合理的分配 | 避免在知识产权的归属问题上侵占合作伙伴权益 | 难以应对合作各方均不擅长的知识灰色区域 |
| | 界定主体商业范畴 | 明确分离各创新主体商业领域 | 避免合作伙伴因在相同的商业领域经营而发生争端 | 要承担来自于合作各方的技术差异的风险 |

综上，当前相关研究的关键是区域创新体系的发展模式，主要有以下几种：

## 一、大学及科研机构主导模式

大学及科研机构主导模式又称研究开发主导模式[1]，这类区域创新体系的发展模式的主要模式是在区域内，大学和科研机构是区域创新的主导力量，带动了整个区域创新体系的有效运行。这类区域创新体系内有一些国内外知

---

[1]　董新平：《基于组织要素结构的区域创新体系模式探讨》，《科技创业月刊》2008 年第6期，第7—11 页。

名的大学及科研机构,这些大学及科研机构的科研能力非常强,有系列的科研成果,同时这些大学和科研机构培育了系列高端人才。在这些大学的科研成果和科技人才的催动下,产生了和积聚了大量的高科技型企业以及系列的为这些大学和科技型企业服务的科技中介组织,形成了竞争优势明显的产业集群,产业竞争力强。这些高科技型企业、大学和科技中介组织在政府的政策的支持和催化下有效的互动,形成了特色鲜明的区域创新文化,进而产生了核心竞争力的创新区域。国外的美国硅谷的发展是由于国际一流的大学——斯坦福大学的主导,在 Frederick Terman 的建议下,斯坦福大学开辟的工业园培育了世界知名的创新园区——美国硅谷。国内的北京中关村的创新型园区的发展,是在国内一流的清华大学和北京大学的影响和主导下发展起来的。

### 二、企业主导模式

企业主导模式即企业作为区域创新体系的主导。企业是直接面对市场的技术的需求者和应用者,是将技术转化为现实商品的创新主体。同时,企业也是技术的研发者。企业主导的区域创新模式是在企业的主导和影响下,针对企业要解决的问题,企业通过自身的研发机构或者通过建立企业为主导的产学研战略联盟,在科技中介组织的协调下进行技术的研究开发和技术的应用及商品化过程。区域创新的企业主导模式的显著特点是在有一定影响力的大型企业主导和影响下形成的,在大型企业的主导和影响下,在科技中介组织的调剂下,以这些大型企业为核心,形成特色明显、竞争力强的产业集群聚集区,进而培育了区域创新文化,形成企业主导的区域创新模式。国外西雅图航空业创新体系,是美国西雅图地区,以波音飞机公司为核心,在科技中介组织的协调下,在政府政策的支持下,波音飞机公司和大学、交通研究中心等建立产学研战略联盟,形成了特色明显、竞争力强的航空产业集群聚集区,进而培育了美国西雅图区域创新文化,进而产生了美国西雅图波音飞机公司主导下的区域创新模式。同样,美国达拉斯的区域创新体系,是以达拉斯克萨斯仪器公司为核心,在科技中介组织的协调下,在政府政策的支持下,美国达拉斯克萨斯仪器公司和大学、科研机构等建立产学研战略联盟,形成了特色明显、竞争力强的高新技术产业集群聚集区,进而培育了美国达拉斯区域创新文化,进而产生了美国达拉斯克萨斯仪器公司主导下的区域创新模式。

### 三、政府主导模式

政府主导模式是通过政府的管理体制和管理机制的创新,在政策制度的推动下,在一定区域瞄准国际技术和产业的前沿,建立产业技术创新战略联盟进行战略性创新。政府主导下的区域创新体系能有效提升产学研的合作水平和合作效率,培育区域创新文化,建立有核心竞争力区域创新体系。在国家层面韩国是典型的成功案例;国家下属区域层面上,我国各地政府主导下的区域创新模式很多。在政府主导下的区域创新模式的关键是有一定的区位优势,并进行切实有效的管理体制和机制的创新。政府主导下的区域创新模式的特色是形成系列的有国际竞争力的产业集群聚集区,是战略性的区域系统区域创新。

以上三种区域创新模式的主导的区域创新主体不同,区域创新体系形成的主导条件不同,以上三种模式是经常发生转化的。但是在以上三种区域创新模式的动态转化过程中科技中介组织起到了非常重要的作用。如区域的企业主导模式转化为政府主导下的战略性系统创新过程中,政府可以通过孵化器等科技中介培育战略性企业和产业支持相关技术领域发展。

目前,大多的区域创新模式是以上三种区域创新模式的综合,如一些新型的高科技创新区域大多是政府政策的支持下的企业和大学推动下的系统性的创新体系。如国内上海张江的区域创新模式,是在政府的推动下的系统性创新的典范。上海张江的区域创新模式首先是政府进行了系列的管理体制和机制的创新——成立张江集团,并制定了系列的推动张江园区发展的政策体系。在政策体系的推动下,张江园区引进了大型的在国际上有一定竞争力的企业,如:宏力半导体和中芯国际等有国际竞争力的企业。同时根据企业的需要,以企业实际需求为出发点引进了国内一流的清华大学和北京大学等大学和科研机构,建立了企业为主导的产学研战略联盟,培育了有国际竞争力的集成电路研发和制造等系列的特色产业集群聚集区,进而培育了张江区域创新体系。

## 第四节　区域创新主体运行的系统动力学分析

### 一、区域创新体系行为主体系统动力学释义分析

根据以上区域创新动力系统分析,运用系统动力学的相关理论和方法,从

大学、科研机构、企业、政府以及科技中介组织等区域创新主体子系统输入和输出两个方面进行创新主体系统动力学分析。

从大学及科研机构子系统的的输入方面,大学在法律法规和相关政策的支持下,输入人才、资金、信息、科技和装备等。大学为社会培养人才,同时也需要高素质的人才的输入,才能推动大学的可持续发展。政府的财政资金和社会的资金等输入也是大学发展的基础。信息的输入能促进大学及科研机构按照市场的需求培养社会需要的人才并研发出社会需要的科研成果。从输出方面,大学和科研机构向社会培养需要的人才,为企业和政府提供咨询服务和智力支持。同时,大学和科研机构向社会提供科研成果并经企业实现科研成果的转化。

从企业子系统的输入方面,企业在法律法规和相关政策的约束和规范下,在一定的人文环境和区域文化的影响下,在输入方面,需要输入人力资源和材料资源等资源要素,另外企业也需要输入大学及科研机构的科研成果等。从企业子系统的输出方面,企业直接为社会提供产品和服务,企业通过产学研合作参与技术的研发和创新,企业缴纳税收并转移给教育等支持社会的持续发展和建设,另外企业是解决就业的主导力量。在产业的新技术的推动下,企业需要持续的创新,企业持续地将科研成果转化为产品和服务,从而实现企业的可持续发展,进而推动产业机构的优化和升级。

从政府子系统的输入方便,政府需要大学、科研机构、企业及科技中介组织提供的信息数据,为科学的决策奠定基础,政府需要大学培育的相关人才,另外政府也需要企业等税收来进行社会建设。从政府子系统的输出方面,政府通过制定相关的法律法规和政策体系来促进其他的区域创新主体在区域创新体系中的有效运行。在科技中介组织协调下,政府通过对市场的宏观调控来完善市场机制,对其他区域创新主体的市场行为进行规范。政府将税收转移支付给公用事业、教育等领域。政府也通过设置科研基金来支持大学及科研机构的发展,政府通过设立相关发展基金来支持相关事业和产业的发展。

从科技中介子系统的输入方面,科技中介组织需要法律法规及完善的政策体系,完善的法规政策及良好的市场竞争环境是科技中介组织在区域创新体系中有效运行的基础。同时科技中介组织也需要信息和人才,企业等创新主体的需求信息是科技中介组织提供孵化器前提,政府也需要输入人力资源等资源要素,人力资源等各种资源要素是科技中介组织运行的关键。从科技中介子系统的输出方面,科技中介组织为企业、大学及科研机构提供完善的专业化服务,为政府、大学、科研机构和企业提供相关信息。科技企业孵化器等科技中介组织为社会培育大量的科技型中小企业。科技中介组织能有促进科技成果的转化,提升科技成果转化效率,作为连接大学、科研机构和企业形成产学研战略联盟的重要"黏合剂",科技中介组织将企业的技术需求及时反馈到大学及科研机构,并将大学及科研机构的科研成果及时转让到企业,实现技术的产业化。对于区域创新体系的分析主要有博弈分析和实证分析,博弈分析基于严谨的概念设计和数学模型,所分析的是创新体系发展的各个里程碑的状态,描述质变而非量变;后者基于典型的创新主体的发展事实,描述量变到质变全过程。在这里重点研究区域创新体系各创新主体的协同发展过程,并使用系统动力学的理论和方法。大学、科研机构、政府、企业、科技中介组织作为区域创新的主体,构成了一个完整的系统——区域创新系统。

### 二、区域创新动力系统分析

区域创新体系运行的动力系统结构模型,如图4—2所示,区域创新体系的运行受到区域创新体系运行的重力、区域创新体系运行的动力和区域创新体系运行的阻力的影响,他们共同作用于区域创新体系的运行。区域创新体系的重力主要包括区域规模和传统惯性,区域规模主要是指区域的人口等基础规模大,发展基础薄弱从而成为区域创新体系运行的重力。传统惯性主要是指思想守旧不敢创新,进而成为区域创新体系运行的重力。区域创新的动力源主要包括:有力的外部政治、经济、技术和文化的推进;区域创新文化的氛围;良好的经济和社会发展基础的促进;明显区位优势的带动;丰富的自然资源和人力资源的支撑;完备的通信、交通等基础设施的推进。在区域创新的动力源的支撑下,产生了区域创新的动力:完善的制度政策体系的推进;市场机制完善,有效配置资源,对区域主体的主体行为进行有效规范;科技人才和管理人才的推进,科技中介组织与政府、企业、大学及科研机构协同发展,互动协调,充分发挥黏合剂的作用,创新型和市场需要的科研成果持续的开发推动;区域内产业结构优化、大、中、小企业比例合适,产业集群优势明显,企业的创新能力和可持续发展能力强。区域创新的阻力源主要包括:不力的外部政治、

经济、技术和文化的阻碍;经济基础和社会发展基础薄弱的阻碍;区位条件差;
自然资源和人力资源缺乏;不完备的通信、交通等基础设施的阻碍等。在区域
创新的阻力源的支撑下,产生了区域创新的阻力。区域创新的阻力主要包括:
不完善的制度政策体系成为区域创新体系的阻碍;市场调节失灵的阻力;企业
不能形成创新能力和可持续发展能力,产业不能形成集群化发展;缺乏创新型
和市场需要科技成果;科技人才和管理人才缺乏;科技中介组织不能与政府、
企业、大学及科研机构形成协同发展的局面,科技中介组织不能满足区域创新
体系运行的需要。

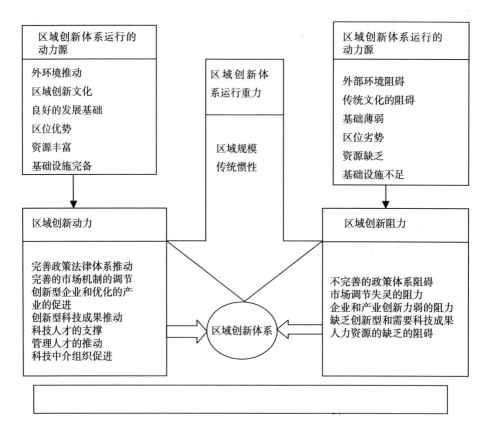

**图4—2  区域创新体系运行的动力系统结构模型**

### 三、科技中介在区域创新体系运行的系统动力学分析

区域创新系统是一个复杂的动态社会系统,由各种创新主体要素之间相

互的作用和相互影响,科技中介组织与政府、大学、科研机构和企业等区域创新主体之间存在互动关系。科技中介组织的中介服务要及时传达给政府、大学、科研机构和企业等创新主体,政府、大学、科研机构和企业等创新主体对中介机构提供的服务和相关信息及时地反馈给科技中介组织。因此科技中介与区域创新主体之间存在着系统的反馈机制,构成了复杂的因果关系,具有复杂性和系统性的特点。

(一)区域创新体系运行的系统演化模型

由于区域创新体系运行的复杂性,为了系统分析科技中介组织在区域创新体系中的运行机制,深入探讨科技中介组织与其他区域创新主体间的互动关系机理,利用系统动力学的相关理论和方法,通过以区域内部不同创新主体的创新行为为主线,以创新资源为前提,建立动力学结构模型,对区域创新主体之间的相互之间的关系进行系统动力学分析,从而获得有利的信息,为提出科技中介组织在区域创新体系中运行的对策建议奠定基础。系统动力学认为系统中各部分之间的联系可以用因果关系来解释。用箭头来表示其中的因果关系,箭头表示结果,箭尾表示原因。箭头旁边的“+”表示,正因果关系,表示因变量的变动会引起结果变量的增加,“-”则表示负因果关系。因此,区域创新系统动力学结构模型可以用图4—3表示。

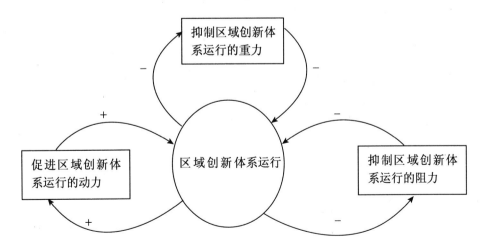

**图4—3　区域创新体系运行的系统演化模型**

根据 Peter M. Senge(1990)的系统思考,区域创新系统是持续增强的正反馈和调节的负反馈不断耦合,持续调节的循环系统,并且与外部的系统构成了一个更大的系统,受到外部大系统的影响。区域创新系统的运行受到区域创新系统和外部大系统的双重影响下运行的。一方面,区域创新体系的运行,区域创新系统的运转能促进区域创新体系运行的动力要素的发展;另一方面,区域创新体系的运行产生抑制区域创新体系运行的阻力要素的发展。区域创新体系运行的动力要素和阻力要素相互耦合,如果区域创新体系运行的动力要素超过区域创新体系的阻力要素,区域创新体系就处于良性的运行轨迹上,反之,当区域创新体系的阻力要素超过区域创新体系的动力要素,区域创新体系就不能有效运行,区域的创新能力就会逐渐降低。

(二)科技中介在区域创新体系中运行的动力机制

区域创新主体的良好的行为关系和科学的相互作用一方面能促进区域创新体系的运行,另一方面通过促进科技中介组织的发展进而促进区域体系的运行,从而有效提升区域创新能力。科技中介组织在区域创新体系中发挥着重要作用,它具有专业化服务、沟通协调以及监督监管等方面的功能,它可以降低各创新主体之间的交易成本,提高区域创新主体之间的互动效率,有效配置和整合创新资源,推动创新活动的可持续进行。如图4—4科技中介在区域创新体系中运行的动力机制看出,区域创新体系的运行,区域创新能力的提升一方面来自大学和科研机构的科研和人才的培育、企业的技术创新能力以及政府的宏观调控的正反馈,另一方面受到科技中介的影响,科技中介组织在促进区域创新能力提升方面发挥着重要的作用。科技中介组织不仅对区域创新能力的提升发挥着重要的促进作用,而且通过对其他的区域创新主体的作用进而促进区域创新能力的提升。企业在创新发展过程中的创新或创新成果的市场化都需要相应的科技中介机构,企业还可以通过金融中介(风险投融资公司)和人才市场等组织获取资本、人力资源等推动创新的资源。大学等教育机构可通过科技中介组织获取科研需求信息和市场创新人才需求信息,使科研成果及时转化并使培养的创新人才在其他区域创新主体间高效率的配置等。

科技中介组织在区域创新体系中的作用发挥受到其他区域创新主体的行为以及区域创新主体的相互关系的影响。政府的宏观调控和有效的政策体系

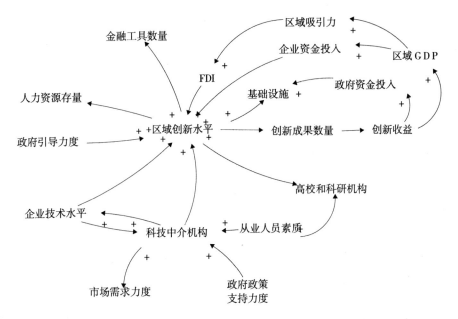

**图4—4　科技中介在区域创新体系中运行的动力机制模型**

对区域创新体系或者通过科技中介组织对促进区域创新体系的运行进而提升区域创新能力有着正反馈作用,如果宏观调控和政策体系满足区域创新体系和科技中介组织运行的要求,就会对区域创新体系的运行产生重要的正反馈作用。因此,在区域创新体系中,政府在科技中介组织等其他区域创新主体的信息支持下,营造良好的市场竞争秩序,弥补完全依靠市场调节的缺陷,创造创新条件与环境,制定出促进区域创新体系有效运行的系列政策体系,如:制定相应的政策推动以企业为主体的产学研战略联盟的建设;通过相应的评价体系推动创新型和复合型人才的培养,通过完善科研人员的激励机制,充分调动科研人员的积极性;制定系列政策措施培育市场中介组织,形成区域创新体系相配套的服务网络体系。科技中介组织的发展以及对区域创新能力提升的作用发挥还受到企业的影响。企业是直接面对市场的区域创新主体,是产品和服务的直接的创造者。企业的持续创新和有效的科研成果的转化是促进科技中介组织又好又快发展的重要力量。美国的硅谷和北京的中关村等国内外实践表明,区域内的高科技型企业数量大,企业创新能力强,科技中介组织的发展就会快,就为产生大量的为区域创新主体服务的科技中介组织。科技中介组织在区域创新体系中运行的作用还受到大学及科研机构等区域创新主体的影响。大学能否及时根据市场的需求研发出企业及社会需要的科研成果，是关系科技中介组织协调作用发挥的关键。同时大学培养的人才是推动科技中介组织发展的根本。

另外，区域优势、区域的投融资环境、基础建设以及人力资源要素等一方面影响着区域创新体系的运行和区域创新能力的提升，另一方面也影响着科技中介组织在区域创新体系中的作用机制，进而影响着区域创新体系的运行。国内外对区域的投资不仅输入了资金，而且输入了先进的技术和管理经验，甚至培育和吸引了大量的管理和技术人才。目前，随着我国市场经济体制改革的深入，外资对地区经济的影响也逐步扩大，这些资金、技术和人才不仅提升了区域创新能力，而且促进了科技中介组织的发展。大多数技术创新需要大量的风险投资，重大的科研攻关需要大量的科研基金，因此，投资环境和融资的渠道对促进科技中介组织的发展以及提升区域创新能力也发挥着重要的作用。科技中介组织的发展以及区域创新能力的提升需要知识、信息和人力资源和原材料资源等要素输入，同时也需要把生产的产品及时运输到世界各地，而这些都离不开区域内的交通和通信网络等。

（三）科技中介组织在区域创新体系运行的效益

科技中介组织促进区域创新效益。如图4—5，科技中介在促进区域创新收益和知识存量时的系统动力流图所示，在区域创新体系运行过程中，科技中介组织在区域创新中发挥着重要的作用，在区域创新体系的运行中促进了知识的产生、转移、共享和循环。科技中介组织直接影响着先进技术吸收，进而带来知识存量的增加。在科技成果的转化过程中，它将成果转化成产业化的运作，进而带来创新收益。

知识循环过程中，知识量受专利数和项目的引进数的影响，而项目引进的数量又受到科技中介服务水平的影响，专利的数量又受到高校及科研机构、科研机构的实力、还有企业的创新水平的影响。知识存量的增加经过成果的转化必然会带来创新收益。科技成果的转化率又受到科技中介服务水平和开发专利率的制约。从这个流图来看，科技中介服务水平在知识存量及创新收益这两个方面都起到明显的作用。

将以上的系统流图赋值，如图4—5，知识循环的系统动力流图所示：

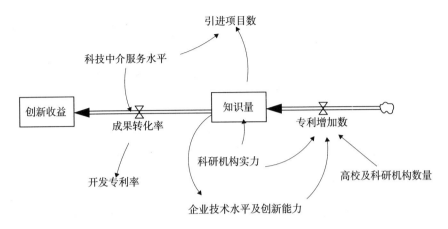

图4—5　知识循环的系统动力流图

（01）FINAL TIME ＝ 100

Units：Month

The final time for the simulation.

（02）专利增加数＝企业技术水平及创新能力×科研机构实力×高校及科研机构数量

（03）企业技术水平及创新能力＝ABS（SIN（知识量））

（04）创新收益＝INTEG（成果转化率,0）

（05）开发专利率＝0.25

（06）引进项目数＝0.5×科技中介服务水平

（07）成果转化率＝开发专利率×科技中介服务水平

（08）知识量＝INTEG（专利增加数+引进项目数-成果转化率,1000）

（09）科技中介服务水平＝1000

（10）科研机构实力＝ABS（SIN（知识量/3.14））×100

（11）高校及科研机构数量＝13000

经过赋值之后,得到仿真结果如图4—6和4—7：

如果我们将科技中介服务水平赋值为2000,那么创新收益仿真图（如图4—8）变为：

从以上两个仿真图的对比可以看出,当科技中介服务机构水平增加时,创

知识量

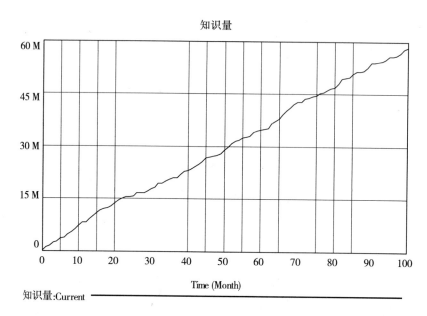

图4—6　知识量的仿真图

创新收益

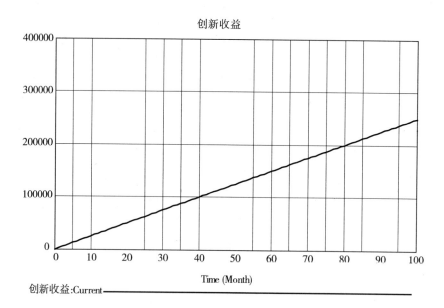

图4—7　创新收益仿真图

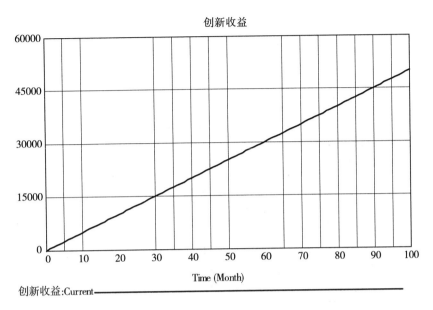

**图 4—8　创新收益仿真图**

新收益明显的增加。当然还有其他因素的影响,在这里我们指研究科技中介对其创新发展的影响。

(四)科技中介组织在区域创新体系的运行促进区域经济的发展

区域创新系统的高效运行和功能的实现,在于系统要素之间的相互作用,通过对区域创新系统的动力学分析,我们可以得出,在区域创新系统中,区域创新主体之间相互作用,相互影响,共同促进区域创新系统的发展。同时,根据我们以上研究发现,科技中介在与其他主体之间是协同发展的,科技中介组织连接其他区域创新主体要素,形成创新主体之间的网络结构,它们共同促进区域创新系统的协调发展,进而带动整个区域经济的持续发展。如图 4—9所示。

就业系统各变量解释:Worker Pop:省总可就业人口(万人);Employees:省总实际从业人数(万人);Inc Workers:新增可就业人数(万人/月);Reduced Workers:减少的可就业人数(万人/月);Birth R:出生率(%);Pop:省总人口(万人);Ave Retire Age:平均退休年龄(月);Ave Work Age:平均开始就业年龄(月);Employment Rate:就业率(%);New Employees:新增实际从业人数

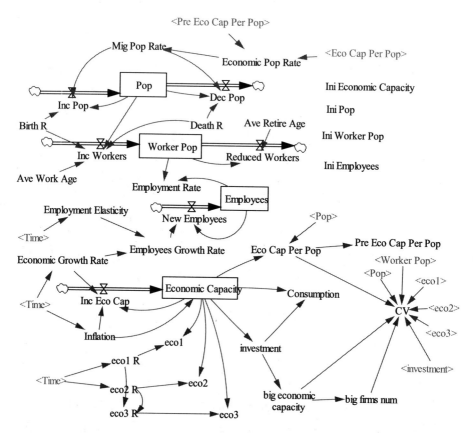

**图4—9　科技中介组织在区域创新体系的运行促进区域经济的发展系统动力学模型**

（万人／月）；Employment Elasticity：就业弹性（％）；＜Time＞：时间（月）；Employees Growth Rate：就业增长率（％）；Economic Growth Rate：经济增长率（％）。

　　人口系统各变量解释：Pop：省总人口（万人）；Inc Pop：增加人口（万人／月）；Dec Pop：减少人口（万人／月）；Mig Pop：迁移人口比率（％）；Economic Pop：经济因素导致的人口迁移比率（％）；Policy Pop：政治因素导致的人口迁移比率（％）；Birth R：出生率（％）；Death R：死亡率（％）；Eco Cap Per Pop：本月人均生产总值（元／人）；Pre Eco Cap Per Pop：上一个月的人均生产总值（元／人）。

　　经济系统各变量解释：Economic Capacity：经济总量（亿元）；Inc Eco Cap：

增加的经济总量（亿元/月）；Economic Growth Rate：经济增长率（%）；<Time>：发展时间；Eco Cap Per Pop：本月人均生产总值（元/人）；Pre Eco Cap Per Pop：上一个月的人均生产总值（元/人）；Investment：投资资金（亿元）；Eco1：第一产业经济总量（亿元）；Eco2：第二产业经济总量（亿元）；Eco3：第三产业经济总量（亿元）；Inflation：通货膨胀率（%）；Eco1 R：第一产业比重（%）；Eco2 R：第二产业比重（%）；Eco3 R：第三产业比重（%）；Big Economic Capacity：规模以上工业产值（亿元）；Big Frim Num：规模以上工业企业数量（个）；CV：经济非均衡度（%），CV＝s/y×100%。其中 s 和 y 分别代表某经济指标各年度中在不同地区的标准差和平均数。

# 第五章　科技中介组织在区域创新体系运行评价

## 第一节　科技中介组织在区域创新体系中运行的评价

### 一、科技中介组织在区域创新体系中运行评价指标

（一）科技中介组织与区域创新主体互动发展评价指标构建特点

评价指标是评价的基础和前提，评价指标反映评价活动和内容的主要特征，评价指标指标体系是由相互联系、相互作用但是还相互独立的评价指标构成。评价指标体系的完善对于评价工作具有重要的作用。科技中介组织在区域创新体系运行绩效的评价指标应遵循以下原则：

（1）系统性原则。科技中介组织在区域创新体系中的运行系统是个复杂的系统，这个复杂系统包含的内容非常广泛，并且科技中介组织在区域创新体系中的运行系统还受到外部环境因素和外部系统的影响，表现出复杂性。为了全面有效地评价出科技中介组织在区域创新体系中的运行绩效，就应该遵循评价指标的系统性原理，所提炼的指标体系从整体上把握科技中介组织在区域创新体系中运行的规律和运行过程以及演变趋势，指标体系要体现科技中介组织在区域创新体系中的运行系统的系统目标、结构和特征，指标体系要反映出科技中介组织在区域创新体系中运行系统内各子系统之间的关系和交互作用方式，指标体系要从不同方面和不同的角度展示出科技中介组织在区域创新体系中运行的绩效特征，展示评价对象的各个方面情况。

（2）客观性原则。科技中介组织在区域创新体系中的运行绩效的评价指标体系应符合客观实际以及事物的客观运行规律，以客观地反映出科技中介组织在区域创新体系中的运行绩效情况。科技中介组织在区域创新体系中的运行绩效的评价指标体系中的每一个评价指标都应该和评价目标一致，每一

项的评价指标都不应该凭借主观判断,都应该客观真实地体现出评价的内容,从而使评价指标体系客观体现评价目标。

(3)可操作性原则。影响科技中介组织在区域创新体系中的运行的因素很多,科技中介组织在区域创新体系中的运行绩效的评价指标是个复杂的综合体系,包含了很多的方面。但是评价指标最终将为评价者评价所使用。因此,在提炼科技中介组织在区域创新体系中的运行绩效的评价指标时,在尽可能地反映科技中介组织在区域创新体系中的运行的情况下,要从可操作性方面考虑,考虑评价者的人力、物力和财力所能接受的范围,这就要求评价指标简明实用,不是要把评价的各个方面,评价的全部指标列入。因此,对科技中介组织在区域创新体系中的运行绩效的评价指标提炼时,要选择信息含量高、重要的、有一定的代表性的指标体系,避免含义相近或相同的指标。同时选择的评价指标要便于统计使用,能够收集到相关的信息数据。

(4)相互对立性原则。为了评价的科学性和实用性,科技中介组织在区域创新体系中的运行绩效的评价指标之间应该是相互之间不是线性关系,而是非线性关系。在整个科技中介组织在区域创新体系中的运行绩效的评价指标体系中,任何两个评价指标都不应该存在着因果关系,任何两个评价指标都应该是相互独立,任何两个评价指标相互之间没有包含的关系。

(5)动态发展性原则。首先,由于影响科技中介组织在区域创新体系中的运行的因素随着时间转移而不断发生变化,因此,科技中介组织在区域创新体系中的运行的体系也是不断完善的,因而科技中介组织在区域创新体系中的运行绩效的评价指标体系的范围和内涵也是随着时间的变化逐步发展完善的。其次,科技中介组织理论、区域创新创新体系理论以及科技中介组织在区域创新体系中的运行的相关理论体系目前还不是很完善,随着这些理论的不断完善,人们对科技中介组织在区域创新体系中的运行的规律性认识将不断的深入,科技中介组织在区域创新体系中的运行绩效的评价指标体系将不断地完善丰富。其三,科技中介组织在区域创新体系中的运行绩效的评价指标最终将为评价者和决策者使用。一方面,由于决策者的对问题的认识和理解的角度不同,价值观不同以及对评价目标的认识不同,评价者和决策者选取和制定的评价指标体系是不同的,尤其是随着经济社会的发展,人们的认识科技中介组织在区域创新体系中的运行规律水平的不断地提升,科技中介组织在区域创新体系中的运行绩效的评价指标体系将不断地丰富完善。另一方面,科技中介组织在区域创新体系中的运行绩效地评价指标最终是为决策者决策所用,为决策者的科学管理提供有效的评价信息的支持,因此,科技中介组织在区域创新体系中的运行绩效的评价指标体系要随着不同的决策环境,随着不同的决策目的和决策需要灵活的调整。最后,区域的特点和发展也将促使科技中介组织在区域创新体系中的运行绩效的评价指标体系不断完善。一方面,随着区域经济发展,区域的经济增长率以及科技成果转化率等因素也将不断发生着变化,这就促使科技中介组织在区域创新体系中的运行绩效的评价指标体系不断发展完善。另一个方面,不同的区域经济社会发展的特点不同,导致了科技中介组织在区域创新体系中的运行的特点不同,进而也就形成了不同的区域有不同的科技中介组织在区域创新体系中的运行绩效的评价指标体系。

全面评价科技中介组织在区域创新体系运行绩效是非常困难的,为了有效地评价出科技中介组织在区域创新体系的运行情况,以选取科技中介组织与区域创新主体互动发展情况的评价指标体系为核心来评价科技中介组织在区域创新体系运行绩效。根据实际经验,结合德尔菲的问卷调查法,设计了如表5—1的科技中介组织在区域创新体系运行绩效评价指标体系。

如表5—1,科技中介与区域创新主体协同发展水平的评价指标体系分为:科技中介组织与区域经济互动发展绩效、科技中介组织与政府的互动发展绩效、科技中介组织与企业的互动发展绩效以及科技中介组织与大学及科研机构的互动发展绩效四个二级指标。科技中介组织与区域经济互动发展绩效分为:区域内各类科技中介组织的数量、区域内科技中介组织的规模、促进产业技术创新战略联盟的建设水平、促进区域创新模式的转化的效率、科技中介组织培育科技型中小企业状况以及科技中介组织促进各种要素在区域创新主体间的流动的有效性六个三级指标。科技中介组织与政府的互动发展绩效分为:促进科技中介组织发展的政策制度完善情况、向政府提供行业等信息的及时性和有效性以及科技中介组织参与维持市场竞争秩序情况三个三级指标体系。科技中介组织与企业的互动发展绩效分为:企业对科技中介组织服务的有效需求情况、科技中介组织为企业提供技术信息的及时性和有效性、科技中介组织为企业提供知识产权服务和金融服务的全面性和有效性、科技中介组织为企业提供技术评估和转化等服务的全面性和有效性、科技中介组织为企业提供

人力资源和管理咨询服务的专业化和有效性以及科技中介组织促进科技成果
成功在企业实现技术的商品化数量等六个三级指标。科技中介组织与大学及
科研机构的互动发展绩效分为:大学及科研机构对科技中介组织服务的有效需
求情况、大学及科研机构为科技中介组织输送所需人才的数量和水平、科技中
介组织为大学及科研机构提供科研成果需求信息的及时性和有效性、为及科研
机构提供知识产权和技术价值评估等服务的全面和有效性、科技中介组织帮助
大学及科研机构成功实现科研成果向社会转化的数量以及科技中介组织促进
大学及科研机构培育的人才及时向社会配置的水平等六项三级指标。

表5—1　科技中介组织在区域创新体系中运行的评价指标体系

| 目标层 | 因素层 | 指标层 |
|---|---|---|
| 科技中介组织在区域创新体系运行的绩效 | 科技中介组织与区域经济互动发展绩效 | 区域内各类科技中介组织的数量 |
| | | 区域内科技中介组织的规模 |
| | | 促进产业技术创新战略联盟的建设水平 |
| | | 促进区域创新模式的转化的效率 |
| | | 科技中介组织培育科技型中小企业状况 |
| | | 促进各种要素在区域创新主体间的流动的有效性 |
| | 科技中介组织与政府的互动发展绩效 | 促进科技中介组织发展的政策制度完善情况 |
| | | 向政府提供行业等信息的及时性和有效性 |
| | | 科技中介组织参与维持市场竞争秩序情况 |
| | 科技中介组织与企业的互动发展绩效 | 企业对科技中介组织服务的有效需求情况 |
| | | 科技中介组织为企业提供技术信息的及时性和有效性 |
| | | 科技中介组织为企业提供知识产权服务和金融服务的全面性和有效性 |
| | | 科技中介组织为企业提供技术评估和转化等服务的全面性和有效性 |
| | | 科技中介组织为企业提供人力资源和管理咨询服务的专业化和有效性 |
| | | 科技中介组织促进科技成果成功在企业实现技术的商品化数量 |
| | 科技中介组织与企业的互动发展绩效 | 大学及科研机构对科技中介组织服务的有效需求情况 |
| | | 大学及科研机构为科技中介组织输送所需人才的数量和水平 |
| | | 科技中介组织为大学及科研机构提供科研成果需求信息的及时性和有效性 |
| | | 为及科研机构提供知识产权和技术价值评估等服务的全面和有效性 |
| | | 科技中介组织帮助大学及科研机构成功实现科研成果向社会转化的数量 |
| | | 科技中介组织促进大学及科研机构培育的人才及时向社会配置的水平 |

## 二、科技中介组织在区域创新体系中运行评价模型

（一）评价指标与权重

科技中介组织在区域创新体系中运行绩效的评价指标有定性指标也有定量指标，对于定性指标设计调查问卷，向学界和业界有经验的专家咨询，获得专家对评价指标的评价值，即是获得定性指标的评价数据。对于定量指标，直接向有关部门和单位收集收据。定量指标是客观的数据，但是数据有单位，没有统一的度量标准，指标间难于进行比较，这在一定程度上影响了评价。因此，为了评价的科学性和有效性，对于定量的指标可以通过无量纲的转化，转化为没有单位的数据。

对于评价指标的权重，可以采用层次分析法（AHP 法）。层次分析法是20 世纪 70 年代末美国运筹学家沙旦（T. L. Saaty）专家提出的一种层次比较确定权重的方法。层次分析法（AHP 法）是将评价者的对评价指标相对其他指标重要性的主观判断和逻辑思考有机结合，尽量降低单一评价者的主观错误，最终能相对比较合理的确定各评价指标的权重（重要性）。采用层次分析法（AHP 法）确定评价指标的权重这一方法目前在国内外有着广泛的应用。采用层次分析法（AHP 法）确定评价指标科技中介组织在区域创新体系中运行绩效的评价指标，首先，提出科技中介组织在区域创新体系中运行绩效这一总的评价目标，然后得出递阶层次结构的评价指标体系。其次，从第二层开始，即从科技中介组织与区域经济互动发展绩效：科技中介组织与政府的互动发展绩效、科技中介组织与企业的互动发展绩效以及科技中介组织与大学及科研机构的互动发展绩效四个二级指标分别对应着评价的总目标（科技中介组织在区域创新体系中运行绩效）而言两两比较重要性，比较的标准如表5—2：

表5—2　1—9 尺度的含义

| 尺度 | 含义 |
| --- | --- |
| 1 | 指标的重要性相同 |
| 3 | 一个指标比另一个指标的影响稍强 |
| 5 | 一个指标比另一个指标的影响强 |
| 7 | 一个指标比另一个指标的影响明显的强 |

续表

| 尺度 | 含义 |
|---|---|
| 9 | 一个指标比另一个指标的影响绝对的强 |
| 2,4,6,8 | 一个指标比另一个指标的影响之比在上述两个相邻值之间 |

对第二层次上的二级评价指标逐对进行比较,得到第二层次相对重要性的判断矩阵。然后再进行第三层次的指标进行重要性比较,进而得到第二层次相对重要性的判断矩阵。在求出判断矩阵的基础上,计算判断矩阵特征值和特征向量,在满足一致性检验的标准下,计算的特征向量就是评价指标的权重。

(二)建立模糊集

在求出科技中介组织在区域创新体系中运行绩效的评价指标权重的基础上,可构建相关的评价模型,最终进行评价判断。对于科技中介组织在区域创新体系中运行绩效的评价评价方法有很多,在这里我们选取最常用的模糊评价方法。

模糊评价方法是于 1965 年由美国专家查德(L. A. Zadeh)教授经过多年的研究提出的。该评价方法是根据模糊数学的隶属度相关的方法,把对事物的定性评价转化为一种定量的评价的方法。模糊评价方法能有效地解决难以量化的问题,是对难解决问题进行全面评价的有效多因素决策方法,因此,该评价方法在国内外有着广泛的应用。进行模糊评价应该界定评价集(因素集合),指标的权重集以及评价标准集(评语集),建立模糊矩阵,最终根据最大隶属度的原则,确定评价结果。用模糊评价法科技中介组织在区域创新体系中运行绩效的基本步骤如下:

(1)评价指标集合(即评价因素集) $D = (d_1, d_2, \cdots, d_t)$;

(2)评价指标的权重集:根据科技中介组织在区域创新体系中运行绩效的评价指标体系是多级层次性结构特点,利用层次分析法原理可以得到科技中介组织在区域创新体系中运行绩效的评价指标对于总目标的组合权重:

$$P = (p_1, p_2, \cdots, p_n) \sum_{i=1}^{n} p_i = 1, 0 < p_i < 1$$

(3)定义评价集(即时评语集)为: $V = (v_1, v_2, \cdots, v_n) v_{k(k=1,2,\ldots,n)}$ ,表示评

价的集合。如果采用百分作为评价的标准,当计算出的科技中介组织在区域创新体系中运行绩效的分数在 90—100 的范围表示评价的结果是优秀。当分数在 70—90 的范围表示评价的结果是良,当分数在 60—70 的范围表示评价的结果是中,当分数在 0—60 的范围表示评价的结果是差。

(二)建立模糊评价矩阵①

第 $i$ 个评价集的第 $j$ 个指标 $d_{ij}$ 的隶属向量 $l_j = (l_{j1}, l_{j2}, \cdots, l_{jn})$。对于所有评价指标的隶属度向量可构成矩阵:

$$L_i = (l_{jk})_{m \times n}, j = 1, 2, \cdots, m, k = 1, 2, \cdots, n.$$

归一化处理得到:$\sum_{k=1}^{n} l_{jk} = 1, (j = 1, 2, \cdots, m)$。

$i$ 个评价集中的第 $j$ 个考核指标,若经过 f 次评价,就有 f 个隶属度向量。属于第 H 次评价的隶属度向量为:$l_j^{(H)} = (l_{j1}^{(H)}, l_{j2}^{(H)}, \cdots, l_{jn}^{(H)})$,第 $i$ 个评价集中的 $j$ 个评价指标 $d_{ij}$ 对第 $k$ 个评价集 $r_k$ 的隶属度向量为 $L_{jk} = (l_{jk}^{(1)}, l_{jk}^{(2)}, \cdots, l_{jk}^{(f)})^T$,那么归一化的隶属度为:

$$l_{jk} = W_E L_{jk} = (W_{e_1}, W_{e_2}, \cdots, W_{e_f}) \begin{pmatrix} l_{jk}^{(1)} \\ l_{jk}^{(2)} \\ \cdots \\ l_{jk}^{(f)} \end{pmatrix}$$

(三)建立评价模型

(1)指标 $d_{ij}$ 的评价矩阵 $L_i$ 做模糊矩阵运算,得到隶属向量 $A_i = P_i L_i =$

$$P_i(l_{jk})_{m \times n} = P_i((W_{e_1}, W_{e_2}, \cdots, W_{e_f}) \begin{pmatrix} l_{jk}^{(1)} \\ l_{jk}^{(2)} \\ \cdots \\ l_{jk}^{(f)} \end{pmatrix})_{m \times n} = (a_{i1}, a_{i2}, \cdots, a_{in}), i = 1,$$

$2, \cdots, t$。

(2)科技中介组织在区域创新体系中运作绩效的评价模型为:

---

① 王庆金、周雪:《科技中介组织与区域创新主体协同发展的综合模糊评价》,《青岛大学学报》2010 年第 4 期,第 74—78 页。

$$A = PL = P\begin{pmatrix} A_1 \\ A_2 \\ A_3 \\ A_4 \end{pmatrix} = P\begin{pmatrix} P_1L_1 \\ P_2L_2 \\ P_3L_3 \\ P_4L_4 \end{pmatrix} = (a_1, a_2, a_3, a_4, a_5) \quad,$$

$$其中: L = \begin{pmatrix} A_1 \\ A_2 \\ \cdots \\ A_t \end{pmatrix} =$$

$$\begin{pmatrix} a_{11} & a_{12} & \cdots & a_{1n} \\ a_{21} & a_{22} & \cdots & a_{2n} \\ \cdots & \cdots & \cdots & \cdots \\ a_{t1} & a_{t2} & \cdots & a_{tn} \end{pmatrix}$$

（3）评价结果：$n = 5$，目标对于评价集的隶属向量是 $A = (a_1, a_2, a_3, a_4, a_5)$，$a_1, a_2, a_3, a_4, a_5$ 表示目标对评价集合 $(v_1, v_2, \cdots, v_n)$ 的隶属度，对于确定的综合评定结果，按照最大隶属度的原则来确定评价标准，具体过程如下：

假定 $a_z = \max\limits_{1 \leqslant k \leqslant 5} a_k$，得出 $\sum\limits_{k=1}^{z-1} a_k$ 及 $\sum\limits_{k=z+1}^{5} a_k$。如果和数分别 $< \dfrac{1}{2}\sum\limits_{k=1}^{5} a_k$，那么根据 $a_z$ 所属的评定等级；如果 $\sum\limits_{k=1}^{z-1} a_k \geqslant \dfrac{1}{2}\sum\limits_{k=1}^{5} a_k$（或 $\sum\limits_{k=z+1}^{5} a_k \geqslant \dfrac{1}{2}\sum\limits_{k=1}^{5} a_k$），那么根据 $a_{z-1}$（或 $a_{z+1}$）的评定等级判定。

如果 $A = (a_1, a_2, a_3, a_4, a_5)$ 中有 $y$ 个（$y \leqslant 5$）相等的最大数，则仍按（1），并且进行移位计算，若果移位后的评定还是离散，那么根据移位后中心等级评判，如果中心等级是两个，那么根据权重的位置进行评定。

## 第二节　科技中介组织与区域创新主体灰色关联分析

**一、灰色关联分析法**

灰色关联分析方法主要是衡量和评价系统内各因素间或各系统之间的关

联度的一种分析方法。灰色关联分析的基本思路是通过比较两个或多个序列
对应的曲线形状的相似程度来分析相互间的关联程度。利用灰色关联分析法
分析科技中介组织与区域创新主体互动发展主要是分析科技中介组织与政
府、企业、大学及科研机构的互动发展的水平,为促进科技中介组织与区域创
新主体互动发展水平奠定基础。利用灰色关联分析法分析科技中介组织与区
域创新主体互动发展程度的主要步骤是:计算科技中介组织与区域创新主体
互动发展程度的参考数列和比较数列并进行归一化处理;求科技中介组织与
区域创新主体互动发展的参考数列与比较数列的灰色关联系数和关联度。具
体步骤为:

(一)科技中介组织与政府、企业、大学及科研机构等区域创新主体互动
发展程度的参考数列

将科技中介组织与政府、企业、大学及科研机构等区域创新主体互动发展
水平分为四级,得到科技中介组织与政府、企业、大学及科研机构等区域创新
主体互动发展程度的参考数列。

(二)科技中介组织与政府、企业、大学及科研机构等区域创新主体互动
发展程度的比较数列

将科技中介组织与政府、企业、大学及科研机构等区域创新主体互动发展
水平分为四级,得到科技中介组织与政府、企业、大学及科研机构等区域创新
主体互动发展程度的比较数列。

科技中介组织与政府、企业、大学及科研机构等区域创新主体互动发展程
度的参考数列和比较数列分别为:

$$u_i(e) = \{ u_i(1), u_i(2), u_i(3), u_i(4) \} ; i = 1,2,3,4 ; e = 1,2,3,4$$

$$v_j(e) = \{ v_j(1), v_j(2), v_j(3), v_j(4) \} ; j = 1,2,3,4 ; e = 1,2,3,4$$

式中:$U_i(k)$ 为第 $i$ 级标准中第 $e$ 项评价因子的取值;$V_j(e)$ 为科技中介
与第 $j$ 个区域创新主体的协同发展水平中第 $e$ 项评价因子的值。

(三)归一化处理。公式如下:

$$u_i^{'}(e) = \frac{u_i(e)}{\frac{1}{4}\sum_{i=1}^{4} u_i(e)} ; v_j^{'}(e) = \frac{v_j(e)}{\frac{1}{4}\sum_{j=1}^{4} v_j(e)}$$

式中:$u_i^{'}(e)$ 为第 $i$ 级标准中第 $e$ 项评价因子的归一化处理值;$v_j^{'}(e)$ 为

科技中介组织与政府、企业、大学及科研机构等 $j$ 个区域创新主体的互动发展水平中 $e$ 个评价因子的归一化处理值。

（四）计算关联系数和关联度

用 $x_{ji}(e)$ 表示关联系数，那么

$$x_{ji}(e) = \frac{\Delta_{j\min} + 0.5\Delta_{j\max}}{\Delta_{ji}(e) + 0.5\Delta_{j\max}}$$

用 $R_{ji}$ 表示关联度，那么

$$R_{ji} = \frac{1}{n}\sum_{e=1}^{4} x_{ji}(e)$$

其中，$\Delta_{ji}(e) = |v'_j(e) - u'_i(e)|$，

$\Delta_{j\max} = \max_i \max_e |v'_j(e) - u'_i(e)|$，

$\Delta_{j\min} = \min_i \min_e |v'_j(e) - u'_i(e)|$。

在求得科技中介组织与政府、企业、大学及科研机构等区域创新主体的关联度中，最大者即可明确科技中介与政府、企业、大学及科研机构等区域创新主体协同发展的水平级别。

## 二、科技中介组织与区域创新主体灰色关联分析

（一）评价指标确定

科技中介组织与政府、企业、大学及科研机构等区域创新主体互动发展水平用四个指标来衡量。将科技中介组织与政府、企业、大学及科研机构等区域创新主体互动发展水平划分为四种级别，而第一级是最优级别，各种级别水平的指标取值如表3—2 所示：

表3—2　科技中介与其他创新主体协同发展水平的指标值

| 级别 | 指标 | | | |
|---|---|---|---|---|
| | 1 | 2 | 3 | 4 |
| 1 | $c_1$ | $d_1$ | $p_1$ | $q_1$ |
| 2 | $c_2$ | $d_2$ | $p_2$ | $q_2$ |
| 3 | $c_3$ | $d_3$ | $p_3$ | $q_3$ |
| 4 | $c_4$ | $d_4$ | $p_4$ | $q_4$ |

(二)科技中介组织与政府之间互动发展灰色关联分析[①]

在这里以科技中介组织与政府之间互动发展灰色关联度的分析来说明科技中介组织与区域创新主体的互动关联程度的分析计算的过程。

(1)参考数列与比较数列矩阵并经过归一化处理后变为:

$$
\begin{bmatrix} v'_1(e) \\ u'_i(e) \end{bmatrix} = \begin{bmatrix} a'_1 & a'_2 & a'_3 & a'_4 \\ c'_1 & d'_1 & p'_1 & q'_1 \\ c'_2 & d'_2 & p'_2 & q'_2 \\ c'_3 & d'_3 & p'_3 & q'_3 \\ c'_4 & d'_4 & p'_4 & q'_4 \end{bmatrix}
$$

(2)差序列、两级最大和最小差:

$$
\Delta_{1i}(e) = \begin{bmatrix} C_1 & D_1 & P_1 & Q_1 \\ C_2 & D_2 & P_2 & Q_2 \\ C_3 & D_3 & P_3 & Q_3 \\ C_4 & D_4 & P_4 & Q_4 \end{bmatrix}
$$

其中,$C_1 = |c'_1 - a'_1|$,$\Delta_{1max} = D_1$,$\Delta_{1min} = C_1$。

(3)关联系数和关联度:

关联系数矩阵:
$$
\begin{bmatrix} C'_1 & D'_1 & P'_1 & Q'_1 \\ C'_2 & D'_2 & P'_2 & Q'_2 \\ C'_3 & D'_3 & P'_3 & Q'_3 \\ C'_4 & D'_4 & P'_4 & Q'_4 \end{bmatrix}
$$

$$
x_{1i}(E) = \frac{C_1 + 0.5D_1}{\Delta_{1i}(e) + 0.5D_1}
$$

科技中介组织与政府之间的灰色关联度为

$$
R_{1i} = \frac{C'_i + D'_i + P'_i + Q'_i}{4} \quad (i=1,2,3,4)
$$

---

i＝3 时,科技中介组织与政府之间灰色关联度最大。

即 $R_{13} = \dfrac{C_3^{'} + D_3^{'} + P_3^{'} + Q_4^{'}}{4}$ 时,科技中介组织与政府之间灰色关联度最大。

代表科技中介组织与政府的互动发展水平是三级上,这就要求出台系列相关的政策制度措施,进行管理体制和管理机制的系列改革,促进科技中介组织与政府的互动发展水平。

同理,可以采取相同的计算办法,分别计算出科技中介组织与企业的灰色关联度,科技中介组织与大学及科研机构的灰色关联度,以系统分析科技中介组织与企业、大学及科研机构的互动发展水平,为制定相关政策措施,促进科技中介组织与区域创新主体协同发展奠定基础。

在计算科技中介组织与政府、企业、大学及科研机构等区域创新主体要素灰色关联度的基础上,系统分析的科技中介组织与政府、企业、大学及科研机构等的互动发展程度,进而提出系统的政策措施和对策建议,以提升科技中介组织与政府、企业、大学及科研机构等区域创新主体要素的互动发展程度,促进科技中介组织与区域创新主体要素的互动合作,进而促进科技中介组织在区域创新体系中的有效运行,提升区域创新系统的运行效率。

# 第六章　科技中介组织在区域创新体系运行博弈分析

## 第一节　博弈论

### 一、博弈论的基本概念

博弈论也即为对策论,从上世纪初发展到现在有一百多年的历史,在这一一百多年的历史中,许多专家学者为博弈论的发展作出了卓越的贡献,其中冯·诺依曼做出了杰出的贡献,他在 1928 年证明了最大最小定理,用于处理双人博弈中的最有策略的确定,标志着对策论的创立,由他和摩根斯坦恩合著的《博弈论和经济行为》为博弈论的理论发展奠定了重要基础,20 世纪中期以来,纳什均衡理论,海萨尼转换理论等重要理论成果也成为博弈论完善和发展的主要成果。博弈论作为分析和解决冲突和合作的方法,主要探讨在一定信息条件下,决策者为达到效用最大化的决策行为,以保持不同决策主体之间决策的均衡。一个博弈由决策主体、可选的空间策略和效用三个基本策略组成。博弈过程的发生都是针对某一具体问题,决策主体即参与人是以争取自身的最大利益为目的的,可选的空间策略就是针对进行博弈的问题决策主体可以选择的处理方式的集合,效用是选取不同的策略相应获得的效益,最终策略的优劣是根据效益的大小来判定的。

博弈论根据博弈中决策主体做出决策的先后顺序,以及对信息的掌握程度,分为不同的形式,完全信息静态博弈是指博弈双方同时选择策略,并在对对手的信息有完全掌握的情况下进行策略的选择,完全信息动态博弈是指双方在对对手的博弈信息完全掌握的情况下先后选择策略,不完全信息静态博弈是在掌握部分信息的情况下同时选择策略的博弈过程,不完全信息动态博弈是在掌握部分信息的情况下先后选择策略的博弈过程。根据博弈过程的自私程度,博弈又区分为合作博弈和非合作博弈,合作博弈是为寻求集体利益的最大化而甘愿牺牲个人利益的博弈行为,非合作博弈则是以自身利益最大化为目标的自私程度高的博弈。

### 二、演化博弈理论

大多数博弈分析是在博弈方完全理性的假设条件下展开的,完全理性意味着博弈方能够准确判断不同的可选策略以及相应的效用,从而可以经历一次博弈过程就寻找到均衡策略。在博弈方不满足完全理性假设时,称之为有限理性,有限理性的博弈者参与博弈时称之为有限理性博弈,这就意味着存在博弈方不会采用在完全理性条件下的均衡策略,最优策略不会通过一步就找到,必须通过不断的尝试,根据博弈过程中其他参与者的策略影响,不断地发觉针对博弈问题而存在的理性缺陷,从而调整和改进博弈策略,使博弈向均衡的方向发展,直到寻找到均衡策略,但是即使达到了均衡也会受到错误的干扰而发生偏离。演化博弈理论是适应于分析博弈放在不断地改进和学习的过程中,调整策略的动态博弈过程的方法。

演化博弈理论起源于生物进化论,成功解释了生物进化论中的许多现象,例如经典的演化博弈问题蛙鸣博弈,它不同于静态博弈分析和比较静态博弈分析,更加注重动态化,运用博弈理论分析动态演化的过程,在演化的大趋势下,通过博弈确定演化的方向等细节问题,寻找的是在动态中的均衡。

演化稳定策略是演化博弈理论中的基本概念,由普瑞斯和斯密斯联合提出,是指在博弈过程中,群体中的绝大多数选取的策略,并且不选择该策略的少部分群体将不会侵入到该群体,在生物进化的过程中,演化稳定策略就是大部分个体进化的方向,而突变的群体就会被淘汰,演化稳定策略可以看作是自然选择中优胜劣汰的标准。

### 三、博弈论运用到科技中介组织与区域创新主体协同发展意义

科技中介组织与区域创新主体协同发展,实现科技中介组织与政府、企业、大学及科研机构的良性互动,涉及科技中介组织与区域创新主体要素利益关系的协调。科技中介组织与区域创新主体的协同发展实际是科技中介组织和政府、企业、大学及科研机构等区域创新主体在区域创新系统中通过合作创

造利益并合理分配利益的过程,是在利益的争夺中向前发展的。博弈作为分析冲突和合作的有效工具,从博弈的角度来分析科技中介组织与区域创新主体协同发展具有重要的意义。

（一）有利于充分认识科技中介组织的运作机制

科技中介组织作为服务业在区域创新系统中的重要代表,科技中介组织作为区域创新系统中的媒介机构,针对其运行机制的研究从众多方面展开,从广义上的科技中介组织联盟发展,到狭义上的科技中介组织的管理模式以及智力资源的开发与利用,虽然有学者从科技中介组织在区域创新系统中的功能发挥入手来探究科技中介组织的运行机制,但根据科技中介组织与区域创新主体协同发展水平,通过博弈的方法来分析科技中介组织与区域创新组织协同发展中的知识分享问题,并从中寻找科技中介组织运行机制的不足,提出相应建议的研究严重缺乏,本书在对科技中介组织与区域创新主体的协同发展进行博弈分析的基础上,开展对科技中介组织运行机制的研究。

（二）有利于准确把握科技中介组织在区域创新系统中的功能

从博弈的角度,将科技中介组织作为各种博弈行为的决策主体,针对不同的博弈问题,通过建立博弈模型,分析其效用函数的变化,来准确把握科技中介组织的参与,对区域创新系统中各主体要素造成的影响,以及对科技中介组织本身带来的利益或弊端。尤其通过演化博弈分析的方法,分析科技中介组织在与区域创新主体协同发展的过程中的发展变化趋势,建立协同创新网络,深入研究科技中介组织在整个网络中的地位和作用。

（三）通过博弈分析,寻找科技中介组织与区域创新主体在协调发展中实现利益均衡的策略

通过建立博弈模型,分析科技中介组织与政府、大学、企业及科研机构等区域创新主体之间的知识分享过程,求得子博弈纳什均衡解,从而得到促使它们进行知识共享的条件,并分析知识共享收益、成本及学习能力对知识共享条件的影响,实现知识共享各方的利益最大化。并运用演化博弈理论分析科技中介组织与区域创新主体协同发展过程,系统分析科技中介组织与区域创新主体协同发展的演化机制,探究演化博弈的协同稳定策略。构建由科技中介组织和区域创新主体联合形成的协同创新网络,各节点在网络中星罗棋布于不同的层次之中,调节创新资源,促使生产要素的有效流动,打造区域创新

优势。

（四）促进区域创新系统的建设

在科技中介组织与区域创新主体协同发展的博弈研究基础上，给出科技中介组织以及区域创新系统中各主体要素发展的对策，促进科技中介组织与区域创新主体协同发展和良性互动，实现区域创新系统发展建设新突破。初步研究有利于科技中介组织与区域创新主体协同发展的组织设计内容，为从组织设计方面促进协同发展做出简单指导。

运用博弈论的理论及方法对科技中介组织与区域创新主体的互动关系进行研究，进而提出新的观点，主要体现在以下几处：将知识分享的过程进一步细化，将科技中介组织和区域创新主体的知识分享水平划分为高、中、低三种水平，从而为知识分享状况的改善提供了更多的途径；从政府向科技中介组织和其他区域创新主体提供物质激励的角度分析对知识分享产生的影响，开辟了新的研究视角；突出企业在区域创新系统中与各种科技中介组织的密切关系，将协同发展的演化分析问题落脚于科技中介组织与企业的协同发展中。

## 第二节　科技中介组织与区域创新主体知识分享博弈

### 一、知识分享现状分析

（一）知识的类型

知识指的是人们对事物的认知，根据不同的标准，知识可以划分为不同的类型。日本的野中郁次郎博士在《知识创新型企业》提出知识可以分为隐性知识和显性知识两类，主要的划分依据是知识的可转移程度。隐性知识（Tacit Knowledge）也称个人化知识、内隐知识，是高度个性化而且难于格式化的知识，难以形式化或沟通、难以与他人共享的知识，主观的理解、直觉和预感都属于这一类。显性知识（Explicit Knowledge）也称编码知识，是能用文字和数字表达出来，以文字、数字以及语言等方式传播，便于人们交流、共享和学习的规范知识。

（二）知识分享的涵义与知识分享的现状分析

知识分享是一种互动的过程，知识的传送者通过信息媒介将知识转移给知识接收者，知识接受者用新获得的知识对自己原有的知识进行阐释，从而实现知识的扩散和更新。

知识的分享有组织内的分享和组织间的分享两种。组织内的分享指的是在组织内部员工之间通过交流将个人拥有的知识扩散到组织中,从而上升为组织层面的知识,从而是员工能够从组织的知识中寻找解决问题的方法和工具,反之,员工通过个人的知识对组织的知识进行补充,从而实现员工和组织的双赢,提高员工的工作效率和组织的成长速度。组织之间的知识分享,是指不同的组织通过各种知识的交流方式,进行知识的交流和学习,进行知识的沟通,最终获得新知识,并利用新知识解决问题,实现进步的过程。

知识分享根据分享的对象不同可以分为组织内部分享和组织间的分享。组织内部的分享是指员工通过分享自己的经验和知识,使之提高到组织认识的层面,这种分享有利于员工从组织中获取符合自身发展需要的知识,也通过知识扩散提高了组织的能力。相应的,还有组织之间的知识分享,是指发生在不同的组织之间的知识交流和沟通。不论是在组织内部的还是组织之间的知识分享过程都分享可以编码的显性知识和不能编码的隐性知识两种类型的知识,因而相对应的分享方式也就有两大类:编码化分享和非编码化分享。下面分析的主要是组织间的知识分享现状。

(三)科技中介组织之间的隐性知识分享现状

科技中介组织在区域创新体系中发挥着重要作用,在区域创新系统中的知识流动环节,科技中介组织承担着两类不同的角色,首先科技中介组织是知识的载体,直接参与知识分享过程;另外,科技中介组织在其他主体进行知识分享时,发挥着辅助作用。

针对科技中介组织直接参与知识分享的现状展开分析。科技中介组织有各种各样的类型,国家级或地方级的生产力促进中心、科技中介组织、技术交易中心、人才交流中心以及律师事务所、会计师事务所等专业服务机构,且不说科技中介组织拥有大量掌握许多专业知识的专业性人才,仅针对科技中介组织本身,例如生产力促进中心的运营管理方式等知识。为了分享对科技中介组织发展有利的知识,现存的有许多方式。一是建立网络平台。许多科技中介组织都建有自己的网页,向大众开放,从中可以获得许多的信息,也为与其他的科技中介组织进行交流提供了途径,例如中国生产力促进中心网站,许多地方的技术交易所、人才交流中心也开通了自己的网络平台。二是组办各类协会。主要代表有行业协会和专业人才协会两类。前者是以组织的形式参与协会活动的,后者是以个人的名义参加的。不论以上何种形式的协会,参与到协会的各种活动,都为分享知识提供了机会,具有相同的工作内容的组织代表或从事相同工作的人通过分享经验,实现知识的扩散,对于丰富知识面,扩充知识量大有利处。三是其他不确定的活动,主要是由政府主办的,如2010年11月29—30日在泉州市举办的"知识产权管理暨全国生产力促进中心主任培训班"就是一个很好的例证。此次培训班获得了科技部的大力支持,对来自北京、河南、辽宁、广东、内蒙古、福建等16个省(市、区)的国家级生产力促进中心、科技中介机构及泉州市有关企事业单位代表130多人进行了"中国知识产权相关制度"、"工业设计流程及知识产权的管理"、"创新与许可战略"及"工业设计中的执法特点"等内容的培训。

(四)区域创新主体之间的隐性知识分享现状

政府、企业、大学及科研机构是区域创新系统的四类主体,通过它们的交互联系,形成区域创新的支撑体系,为创新营造良好的环境。交流的过程本身就是一个传达信息的过程,涉及知识的分享和扩散。面对经济发展的需要,不同的组织机构进行沟通合作已成为必然,知识的分享穿插其中。政府与其他区域创新主体的知识分享是一种上下级的关系,既有民主的成分,又可以使用强制性的手段,在民主的前提下,企业、大学及科研机构向政府传达的是对自己有利的信息,政府通过强制的手段获得其他方面的信息。企业与大学及科研机构的知识分享可以通过许多途径实现,企业组织员工到大学进修或者是选拔优秀人才委托大学培养,以及直接与大学或科研机构联合研制产品等。大学与科研机构都是拥有专业人才从事研究工作的机构,通过联合培养学生和科研交流等许多方面实现知识的共享。

在知识扩散、创新到实现知识增值的整个共享过程中,由于涉及知识产权的保护问题而使区域创新主体之间的知识共享现状不容乐观,但是通过科技中介组织的有机协调,能够促进区域创新主体之间的知识共享。

(五)科技中介组织与区域创新主体之间隐性知识的分享现状

科技中介组织作为市场中介的一种,是为促进技术创新的进行而服务的,科技中介组织与区域创新主体之间的分享的知识根据科技中介的类型而有所区别,大致可以分为两类:一种是分享科技中介组织拥有的知识,例如咨询中心;另一种是分享区域创新主体的知识,例如技术交易所。

科技中介组织通过开放性的形式,来进行分享知识是一种重要方式,例如人力资源中心一般是在科技中介组织指定的场所中,直接使人才同企业进行交流,沟通,科技中介组织负责提供一些必备措施,并可以担负为人才保留档案的责任。而律师事务所和会计师事务所,则需要在与区域创新主体形成雇佣关系时,为企业等区域创新主体提供有偿服务,但是通过科技中介组织与企业等区域创新主体的有偿的知识分享过程,可以使企业与企业之间,或者是企业与科研单位之间的知识分享涉及的合法权益得到保障,在交易之前进行的技术价值评估,以及交易过程中涉及的知识产权的保护,专利、商标和版权等知识产权的许可和转让都可以通过相关的专业科技中介组织来完成。

科技中介组织同样也需要来源于企业的信息,尤其是技术需求信息和市场信息,没有企业提供这些信息,科技中介组织的相关服务就难以实现,但实际上科技中介组织与区域创新主体之间的知识分享现状并不乐观,借助于科技中介组织,或者说通过与科技中介组织的联系实现企业的发展,实现科研成果转化率的提高,还需要进一步的研究。

不论是科技中介组织之间的知识分享,还是区域创新主体之间的知识分享以及科技中介组织与区域创新主体的知识分享,都是组织外部的,不同组织之间的知识分享过程,在本质上是相同的,因此,只针对科技中介组织与区域创新主体之间的知识分享做博弈分析。

### 二、知识分享的博弈模型

博弈主要由参与者,可选策略和效用三个要素构成。从博弈的角度分析科技中介组织与区域创新主体之间的知识分享问题。首先要分析该博弈过程中的三要素。科技中介组织和政府、企业、大学及科研机构四类区域创新主体。科技中介组织一定是博弈过程的参与者,企业、大学和科研机构因为和科技中介组织的各种联系或是业务往来,必定会涉及知识分享问题。政府作为宏观调控部门,具有特殊性,因为政府部门本身就是为了区域的发展而服务的,如果牵扯到自身的知识分享问题,那么尽最大努力分享知识是他的义务,因此政府不参与博弈模型的研究,但是作为旁观者,科技中介组织与企业、大学及科研机构三类区域创新主体之间的知识分享博弈过程及结果会引起政府部门的反映,从而采取不同的政府行为使知识分享的过程朝更加有利于区域创新系统整体利益的方向发展。因此,科技中介组织与区域创新主体协同发展中知识分享博弈在科技中介组织与企业、大学和科研机构三类区域创新主体之间展开。

　　博弈过程中的科技中介组织与区域创新主体是两个利益既相联系又相矛盾的主体。用 $I$ 表示参与博弈的科技中介组织,用 $E$ 表示企业,分别用 $U$ 和 $R$ 表示大学、科研机构。可以假定博弈过程为完全信息静态博弈,通过选择不同的策略,获得的收益不同。另外假定双方的知识分享水平都具有三个层次,分别是高、中、低三个层次,双方根据经验或者是其他因素来评判合作的性质,从而是双方参与合作的积极性不同,那么积极性高的就会选择高水平的知识分享,积极性一般的选择中间水平的知识分享,对合作不看好的,甚至是持有消极态度的就会选择低水平的知识分享。针对以上分析,对博弈中涉及的量进行假设。假设科技中介组织以及区域创新主体持有的知识都是预先估价的,他们的知识价值为科技中介组织 $V_i$ ,企业 $V_e$ ,大学 $V_u$ ,科研机构 $V_r$ ,将知识完全分享需要的成本分别为 $C_i$ , $C_e$ , $C_u$ , $C_r$ 。不同的知识分享程度对应的知识分享率分别用如下方法表示,科技中介组织与企业之间合作时,科技中介组织在高、中、低三种不同的分享水平时,知识分享率为 $\alpha_{11}$ , $\alpha_{12}$ , $\alpha_{13}$ ,企业在高、中、低三中分享水平时,知识的分享率为 $e_1$ , $e_2$ , $e_3$ ,由于大学以及科研机构在区域创新系统中职能的相似性,将大学和科研机构统一讨论,科技中介组织在与大学以及科研机构合作时,科技中介组织在高、中、低三种不同的分享水平时,知识分享率为 $\alpha_{21}$ , $\alpha_{22}$ , $\alpha_{23}$ ,大学、科研机构在高、中、低三中知识分享水平时,知识分享率分别为 $u_1$ , $u_2$ , $u_3$ 和 $r_1$ , $r_2$ , $r_3$ 。前面提到的针对具体合作,参与者会根据经验等信息对合作性质进行判断,从而采取不同的知识分享水平,由于信息的不充足,以及非理性因素的存在,会影响判断的准确率,因此假设科技中介组织、企业、大学、科研机构进行此类判断的准确率分别为 $\alpha$ , $e$ , $u$ , $r$ 。通过知识分享,实现知识的共享和增值,为参与分享者带来收益,假设科技中介组织、企业、大学、科研机构获得的知识分享收益分别为 $B_i$ , $B_e$ , $B_u$ , $B_r$ 。以上假设如表1。

表6—1　参数对照表

| | 科技中介组织 $I$ | | | 企业 $E$ | 大学 $U$ | 科研机构 $R$ |
|---|---|---|---|---|---|---|
| 知识价值 | $V_i$ | | | $V_e$ | $V_u$ | $V_r$ |
| 完全分享的成本 | $C_i$ | | | $C_e$ | $C_u$ | $C_r$ |
| 知识分享程度 | 高中低 | 与企业 | 与大学、科研机构 | $e_1$ | $u_1$ | $r_1$ |
| | | $\alpha_{11}$ | $\alpha_{21}$ | | | |
| | | $\alpha_{12}$ | $\alpha_{22}$ | $e_2$ | $u_2$ | $r_2$ |
| | | $\alpha_{13}$ | $\alpha_{23}$ | $e_3$ | $u_3$ | $r_3$ |
| 判断的准确率 | $\alpha$ | | | $e$ | $u$ | $r$ |
| 分享收益 | $B_i$ | | | $B_e$ | $B_u$ | $B_r$ |

　　分析科技中介组织和企业的知识分享博弈模型,假设科技中介组织通过对合作的评判选择高水平的知识分享,企业通过对合作的评判选择中间水平的知识分享,那么知识分享的合作博弈在科技中介组织 $I$ 和企业 $E$ 之间展开,双方进行的是完全信息静态博弈,博弈模型如图6—1。

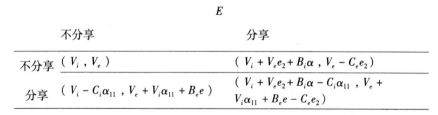

$$E$$

| | 不分享 | 分享 |
|---|---|---|
| 不分享 | $(V_i, V_e)$ | $(V_i + V_e e_2 + B_i\alpha, V_e - C_e e_2)$ |
| 分享 | $(V_i - C_i\alpha_{11}, V_e + V_i\alpha_{11} + B_e)$ | $(V_i + V_e e_2 + B_i\alpha - C_i\alpha_{11}, V_e + V_i\alpha_{11} + B_e - C_e e_2)$ |

图6—1　隐形知识分享博弈模型

　　上述模型中,科技中介组织的知识分享水平为高水平,企业的知识分享水平为中间水平,分析图中所示的博弈模型,能获得唯一的纳什均衡策略,即为(不分享,不分享),而且与知识的分享水平无关。根据这种状况,科技中介组织与区域创新主体之间不进行知识共享,显然不利于区域创新系统的整体发展,虽然在理论上分析这种纳什均衡状态的出现于知识分享水平的高低无关,但是实际合作中分享水平高的一方会因为这种不平等的付出而产生负面情绪,因而下面的讨论将针对政府推出的知识分享鼓励措施以及参与分享的双方在分享水平上的变化趋势而展开。

### 三、隐性知识分享的可能性分析

（一）政府支持资金促进知识分享

科技中介与区域创新主体之间的知识分享过程，受到许多因素的影响，政府作为区域创新系统中的宏观调控者，担负着重大的社会责任，带动区域创新主体，大力发展创新，使区域经济形成新的经济增长点是政府的职责，在知识不断进步，科技迅猛发展的今天，掌握先进的知识，拥有充足的信息，成为谋求经济发展的制胜要素。知识的交流和扩散作为丰富知识的重要手段，需要进行促进和维护，政府在知识分享过程中加以投入也成为促使创新进行的出发点。

科技中介组织与区域创新主体在协同发展过程中，隐性知识分享博弈的纳什均衡是（不分享，不分享）主要原因是科技中介组织和大学、科研机构侧重于维护个体的利益，而忽视区域创新系统的整体利益，在进行提高觉悟等思想教育方面的工作之余，政府拨发专项资金来鼓励科技中介组织与区域创新主体进行知识分享是最有实质作用的。假设政府对于进行知识分享的参与者实行物质鼓励，发放知识分享支持资金，政府发放的支持资金为 $(V+C)t$ ，其中 $V$ 为知识的价值， $C$ 为知识完全分享的成本， $t$ 为知识分享双方知识分享率的 $a$ 倍，由于企业采用中间水平的知识分享，为了便于研究，此时的 $a$ 记为 $a_2$ ，上述知识分享博弈中的模型转变为：

|  | E | |
|---|---|---|
|  | 不分享 | 分享 |
| 不分享 | $(V_i , V_e)$ | $(V_i + V_e e_2 + B_i\alpha , V_e - C_e e_2 + C_e e_2 a_2)$ |
| 分享 | $(V_i - C_i\alpha_{11} + C_i\alpha_{11} a_2 , V_e + V_i\alpha_{11} + B_e e)$ | $(V_i + V_e e_2 + B_i\alpha - C_i\alpha_{11} + C_i (\alpha_{11} + e_2) a_2 , V_e + V_i\alpha_{11} + B_e e - C_e e_2 + C_e (\alpha_{11} + e_2) a_2)$ |

**图6—2　转变后的隐形知识分享博弈模型**

那么采用逆推法，要使纳什均衡成为（分享，分享），那么必须满足下列条件：

对于上述模型的对科技中介组织的知识分享的支持资金中， $a_2$ 需要满足 $-C_i\alpha_{11} + C_i(\alpha_{11} + e_2)a_2 > 0$ ，即 $a_2 > \dfrac{\alpha_{11}}{\alpha_{11} + e_2}$ ，对于企业知识分享的支持

资金中，$a_2$ 需要满足 $-C_e e_2 + C_e(\alpha_{11} + e_2)a_2 > 0$，即 $a_2 > \dfrac{e_2}{\alpha_{11} + e_2}$，因此如果提高知识分享的水平，政府拨发的知识分享资金中的 $a$ 就会增加，就能获得更多的知识分享资金，但是实际获得的利益是否会增加还要做进一步的分析。

我们来考虑知识分享水平提高后的情形，为了便于区分，当企业的知识分享水平提高到 $e_1$ 时，政府拨发的知识分享资金中的 $a$ 变为 $a_1$，那么知识分享博弈的模型变为

$$E$$

| | 不分享 | 分享 |
|---|---|---|
| 不分享 | $(V_i,\ V_e)$ | $(V_i + V_e e_1 + B_i\alpha,\ V_e - C_e e_1 + C_e e_1 a_1)$ |
| 分享 | $(V_i - C_i\alpha_{11} + C_i\alpha_{11}\, a_1,\ V_e + V_i\alpha_{11} + B_e e)$ | $(V_i + V_e e_1 + B_i\alpha - C_i\alpha_{11} + C_i\,(\alpha_{11} + e_1)\,a_1,\ V_e + V_i\alpha_{11} + B_e e - C_e e_1 + C_e\,(\alpha_{11} + e_1)\,a_1)$ |

**图6—3　分享水平提高后的隐形知识分享博弈模型**

如果政府的知识分享支持资金足以给企业提高知识分享水平的动力，$-C_e e_1 + C_e(\alpha_{11} + e_1)a_1 > -C_e e_2 + C_e(\alpha_{11} + e_2)a_2$，则有 $a_1$ 必须满足以下条件，即为 $a_1 > \dfrac{\alpha_{11} + e_2}{\alpha_{11} + e_1}a_2 + \dfrac{e_1 - e_2}{\alpha_{11} + e_1}$，因此只有政府拨发的知识分享支持资金中的参数 $a$ 满足同时满足 $a_1 > \dfrac{\alpha_{11} + e_2}{\alpha_{11} + e_1}a_2 + \dfrac{e_1 - e_2}{\alpha_{11} + e_1}$ 和 $a_2 > \dfrac{e_2}{\alpha_{11} + e_2}$ 时，企业才有利益驱动来提高知识分享的水平。当其他博弈主体遇到同样的问题时，$a$ 满足的条件同样可得。

面对知识分享博弈是不进行知识分享的消极局面，政府投入扶持资金，使情况出现了好转的可能，使知识分享的状况得到了有效改善。

以上是政府面对知识分享的暗淡局面可以采取的良性措施，科技中介组织以及企业、大学和科研机构等直接参与知识分享博弈的主体，在政府的政策引导下，也会做出积极进行知识分享的行动，上面提到的，为获得更多的扶持资金而提高知识分享的水平，就是一种表现。

（二）基于反复博弈的研究

由于区域创新系统是长期存在的。科技中介组织与区域创新主体寻求的

都是可持续发展,需要谋求长期合作,这就会使科技中介组织和区域创新主体着眼于长远利益而放弃短期的利益,在进行博弈时重新做出选择。

考虑在科技中介组织与企业之间进行的知识分享,现在的博弈目标从本次博弈的利益最大化转变为获得长久的合作机会从而获得长远的利益。在博弈中,由于知识分享的水平有低、中、高三种不同的水平,因此科技中介组织与企业之间的知识分享状况有九种情况,针对这九种情况下博弈的参与者会做出不同的判断,是知识分享的状况在这九种情况中进行变换,或者是直接放弃分享。

出于对未来愿景的信心,使合作者放弃眼前的利益,甚至愿意投入更大的成本,在知识分享中,这种愿景就是知识通过分享而发生创新实现增值的过程。在合作的过程中,合作双方对于知识分享中所获得知识的应用规划是有所不同的,为了促进知识分享的过程,实现组织的发展,首先会针对知识的使用规划进行讨论,讨论一定是在知识分享过程对自身有益的前提下进行的,但凡进行讨论都是希望促成互相分享知识的过程,但是通过知识的分享,实现知识的增值需要一个长期的过程,需要经历知识的更新、扩散、创新等许多阶段,因此参与知识分享博弈的不同主体是否愿意放弃短期的利益而或成本进行长远的投资,主要还是要看对于知识增值之后带来的效益是否有浓厚的兴趣。

根据表6—1中所设定的参数,最能够用于体现知识增值的参数是分享收益。在科技中介组织与企业之间达成长期合作的共识之后,会依据知识分享收益随时间以及博弈次数的增加所发生的变化来调整知识分享的水平,企业作为创造经济效益的直接单位,在合作中提出通过知识分享从而实现知识增值的愿景,获得科技中介组织的认可,促使科技中介组织有长期合作的意向,从而开始进行知识的分享。科技中介组织出于探索性的考虑,不会在首次合作中就采取高水平的知识分享,但是由于同意了企业的愿景,为了表达合作的诚意又不会选择低水平的分享,因此科技中介组织会选择中间的知识分享水平与企业进行合作,企业作为远景的提出者,为了体现实现远景的信心一定会采取高水平的知识分享,首次知识分享的过程中,知识分享的模型如图6—4,这次博弈中(分享,分享)并不是最优策略,却是实际实行的策略。

$$E$$

| | 不分享 | 分享 |
|---|---|---|
| 不分享 | $(V_i, V_e)$ | $(V_i + V_e e_1 + B_i\alpha, V_e - C_e e_1)$ |
| 分享 | $(V_i - C_i\alpha_{12}, V_e + V_i\alpha_{12} + B_e e)$ | $(V_i + V_e e_1 + B_i\alpha - C_i\alpha_{12}, V_e + V_i\alpha_{12} + B_e e - C_e e_1)$ |

**图6—4 隐形知识分享博弈模型**

表6—1中的分享效益只能作为知识增值带来的短期利益增长,甚至只是在一次博弈的过程中,但是鉴于以上提到的知识增值的长期性,知识的分享经过时间的积累,会带来远远超过表6—1中分享利益所代表的内容,甚至会出现爆发性的增长,知识所能创造的价值是无限的,引进参数 $D$ 表示在第 $n$ 次博弈的过程中知识增值带来的巨大效益,并且这种增值的效益只有在双方进行分享时才能实现,就是说在策略为(分享,分享)时,双方各增加50%(知识增值的效益分配水平根据合作双方达成的共识进行分配)的知识增值效益,由于长期的合作过程中,知识分享的水平应该会呈现出稳定的趋势,采用每种分享水平的概率趋同,因此下面分析在进行合作时的预见性博弈模型如图6—5和第 $n$ 次的博弈模型如图6—6。

$$E$$

| | 不分享 | 分享 |
|---|---|---|
| 不分享 | $\left(\sum_{m=1}^n V_{im}, \sum_{j=1}^n V_{ej}\right)$ | $\left(\sum_{m=1}^n V_{im} + \dfrac{e_1+e_2+e_3}{3}\sum_{j=1}^n V_{ej} + \alpha\sum_{m=1}^n B_{im}, \sum_{j=1}^n V_{ej} - \dfrac{e_1+e_2+e_3}{3}\sum_{j=1}^n C_{ej}\right)$ |
| 分享 | $\left(\sum_{m=1}^n V_{im} - \dfrac{\alpha_{11}+\alpha_{12}+\alpha_{13}}{3}\sum_{m=1}^n C_{im}, \sum_{j=1}^n V_{ej} + \dfrac{\alpha_{11}+\alpha_{12}+\alpha_{13}}{3}\sum_{m=1}^n V_{im} + e\sum_{j=1}^n B_{ej}\right)$ | $\left(\sum_{m=1}^n V_{im} + \dfrac{e_1+e_2+e_3}{3}\sum_{j=1}^n V_{ej} + \alpha\sum_{m=1}^n B_{im} + 50\%\,D - \dfrac{\alpha_{11}+\alpha_{12}+\alpha_{13}}{3}\sum_{m=1}^n C_{im}, \sum_{j=1}^n V_{ej} + \dfrac{\alpha_{11}+\alpha_{12}+\alpha_{13}}{3}\sum_{m=1}^n V_{im} + e\sum_{j=1}^n B_{ej} + 50\%\,D - \dfrac{e_1+e_2+e_3}{3}\sum_{j=1}^n C_{ej}\right)$ |

**图6—5 预见性知识分享博弈模型**

图6—5中表示的是在合作初期鉴于对长远利益的考虑,在预见到知识增值带来的巨大利益之后,对于长期合作的利益水平进行的博弈分析, $\sum_{m=1}^{n} V_{im}$ 表示的是从第1次知识分享过程到第 $n$ 次知识分享过程科技中介组织的知识总价值, $\sum_{j=1}^{n} V_{ej}$ 表示的是从第1次知识分享过程到第 $n$ 次知识分享过程企业的知识总价值, $\sum_{m=1}^{n} B_{im}$ 和 $\sum_{j=1}^{n} B_{ej}$ 分别表示从第1次知识分享过程到第 $n$ 次知识分享过程中科技中介组织和企业所能提供的总分享收益, $\sum_{m=1}^{n} C_{im}$ 和 $\sum_{j=1}^{n} C_{ej}$ 分别表示从第1次知识分享过程到第 $n$ 次知识分享过程中科技中介组织和企业进行知识的完全分享花费的总成本,由于知识增值带来的收益 $D$ 远大于知识分享的总成本,因此针对长期合作的多次博弈的均衡策略是(分享,分享)。正是由于基于长期合作的考虑,进行多次博弈的最终均衡是采取知识分享的策略,也就是说直到愿景实现的整个过程,采取分享策略是正确的选择。

|  | $E$ | |
|---|---|---|
|  | 不分享 | 分享 |
| 不分享 | $( V_{in} , V_{en} )$ | $( V_{in} + V_{en} e_1 + B_{in} \alpha , V_{en} - C_{en} e_1 )$ |
| 分享 | $( V_{in} - C_{in} \alpha_{11} , + V_{in} \alpha_{11} + B_{en} e )$ | $V_{en}( V_{in} + V_{en} e_1 + B_{in} \alpha + 50\% D - C_{in} \alpha_{11} , V_{en} + V_{in} \alpha_{11} + B_{en} e + 50\% D - C_{en} e_1 )$ |

**图6—6　第 $n$ 次知识分享博弈模型**

由于最终获得了知识增值带来的收益 $D$ ,因而是在愿景实现的前提下进行第 $n$ 次博弈的分析,那么在这种积极的结果的督促之下,科技中介组织与企业都会选择最高的知识分享水平,图6—6中的 $V_{in}$ 和 $V_{en}$ 分别表示科技中介组织和企业在第 $n$ 次知识分享过程中所分享的知识的价值, $B_{in}$ 和 $B_{en}$ 分别表示科技中介组织和企业在第 $n$ 次知识分享过程中能够提供的分享收益, $C_{in}$ 和 $C_{en}$ 分别表示科技中介组织和企业在第 $n$ 次知识分享过程中进行知识分享的成本,由于知识增值带来的收益 $D$ 在这次博弈中实现,因此在第 $n$ 次知识分享博弈的过程中,双方同时进行知识分享时,各获得50% $D$ 的知识增值收益,在本次博弈中均衡策略显然也是(分享,分享)。

根据以上分析可知,在进行长期合作的意向达成之后,基于对长远利益的考虑,在多次的知识博弈过程发生的前提之下,对于这些博弈做总体考虑,所获得的策略要进行知识的分享,并且对于最后一次博弈过程的研究也是要进行知识分享,从而实现知识的增值,获得巨大的利益,因此在进行长期合作的前提下,需要通过反复的知识博弈过程来推动合作的进行,并且这种合作方式会使知识博弈向互相分享知识的方向转变,也就是说,增加了知识分享的可能性,调动了知识分享博弈双方的积极性。

在知识分享的过程中,以上研究能够使博弈的均衡策略从图6—6的(不分享,不分享)转变为(分享,分享)的的策略是因为政府的资金支持和反复博弈的长期利益,概括得讲,科技中介组织与区域创新主体之间的知识分享过程,只要及时地采取正确的措施,实现积极的合作是有可能的。

## 第三节　科技中介组织与区域创新主体演化博弈分析

随着经济的不断发展,知识的发展和科技进步引领世界走进了知识经济时代,在全球经济一体化发展的浪潮之中,我国的总体要求和发展目标也发生了改变,在总结"十一五"期间的经验之后,"十二五"期间的经济发展更加重视转变经济发展方式,调整产业结构,更加注重有质量的经济增长。大力发展服务业,推动科技型中小企业的发展是实现这一发展要求的必经之路。在区域创新系统逐步取代国家创新系统成为世界经济发展的主导力量时,其创新能力也越来越受到世界的瞩目。科技中介组织作为知识密集型服务业,其发展直接关系到区域创新系统的经济增长方式,科技型中小企业也将作为整个区域创新系统中的战略重点。因此,科技中介组织与区域创新主体之间的互动关系将有效促进区域创新系统的运转。因此对于科技中介组织与区域创新主体之间的互动关系进行演化博弈分析具有重要的意义。

### 一、演化博弈模型

科技中介组织与区域创新主体的相互交流、协同发展促进区域经济的发展,区域创新的进行,形成新的区域经济增长极。这种协同发展是在不断地变化发展的,随着内部组织结构和外部环境的调整和改变,合作的方式也将呈现新的变化。企业在进行创新的过程中,从创新环境到参与创新的资源保障,仅仅依靠自身的力量难以实现全面维持,必须要借助于从政府到基层,从科研到生产各方面的支撑,难以避免要和政府、大学和科研机构等单位相互交流沟通。一切联合的目的都是要促进产学研的紧密结合,提高科技成果的转化率,为企业创新和科技成果的研发寻求顺畅的融资渠道,使政府的功能得以体现,理顺从宏观调控到基层生产的管理体系。通过企业承接科技成果转化,提高科技成果转化率,充分发挥区域优势,促进结构调整和产业升级,形成新的经济增长点的发展定位势在必行。

科技中介组织与区域创新主体的协同发展问题,借助于演化博弈理论加以分析。首先,需要明确目标博弈过程的参与者即博弈双方。科技中介组织与区域创新主体之间的关系是全方位、多层次的,但是围绕的是创新,企业作为直接承担创新工作的区域创新主体,成为与科技中介组织进行接洽的主力军。同时,在多数情况下,科技中介组织的牵线搭桥作用都是在为企业服务的,企业总是在科技中介组织的一端,借助于其力量,获得制度支持以及资源扶持。因此科技中介组织以及与其联系最为紧密的区域创新主体企业成为所研究的博弈双方。其次,博弈的内容围绕科技中介组织和企业的发展趋势展开。具体探究的是科技中介组织是否会呈现出追求专业化的趋势,相应地,企业在这种社会环境下,是否会更多地借助于科技中介组织来完善创新环境,强化创新能力。为了统一起见,将双方参与博弈的策略描述为专业化策略和综合化策略,每位博弈方的策略集中包含以上两种策略。其中,对于科技中介组织而言,专业化策略代表着术业有专攻,即集中力量于一点突破,将精力放在某一项业务上,比较有代表性的科技中介组织有会计师事务所、律师事务所等;综合化策略代表的则是业务多样化,全面发展,代表的有行业协会等综合机构。对于企业而言,在这里有特定的意义,专业化指的是只专注于原本属于企业的工作,凡是在可以向科技中介组织转移工作内容时,则通过科技中介组织来完成相应工作;综合化指的是企业发挥最大能力,出于各种原因而避免与科技中介组织进行业务往来的发展模式。

$E$

|  | 不分享 | 分享 |
|---|---|---|
| 专业化 | $(\xi p - c_i, v_i - \xi p)$ | $(-c_i, v_i - c_i)$ |
| 综合化 | $(p - c, v - p)$ | $(\dfrac{p}{2} - c, v - c - \dfrac{p}{2})$ |

**图6—7　协同博弈**

在图6—7中，$p$为企业从科技中介组织获得所需要的综合服务时，科技中介组织获得的利益，$\xi$为某种专业化服务所占的市场份额，$v$为通过科技中介组织的业务内容使企业获得的收益，$v_i$为某种专业化的服务带给企业的收益，$c$是综合各类科技中介功能的组织的建设成本，$c_i$是实现某种专业功能的科技中介组织成本。由于固定的职能确定了固定的组织结构，对于科技中介组织和企业来说，组建承担相同工作的团队，所耗费的成本应该是相同的，因而采取相同的表示方法。按照演化稳定策略的寻求步骤，对于企业和科技中介组织两类不同群体的复制动态和演化稳定策略的分析，将采取专业化策略的企业所占的比例用$x$表示，采用综合化策略的企业比例为$1-x$；将采用专业化策略的科技中介组织在群体中所占的比例用$y$表示，则采用综合化策略的科技中介组织的比例为$1-y$。则企业在博弈过程中选择专业化策略的期望得益$u_{E1}$和选择综合化策略的期望得益$u_{E2}$以及群体平均得益$\overline{u_E}$，分别为

$$u_{E1} = (v_i - \xi p)y + (1-y)(v-p)$$

$$u_{E2} = (v_i - c_i)y + (v - c - \frac{p}{2})(1-y)$$

$$\overline{u_E} = xu_{E1} + (1-x)u_{E2}$$

科技中介组织在博弈过程中选择专业化策略的期望得益$u_{I1}$和选择综合化策略的期望得益$u_{I2}$以及群体平均得益$\overline{u_I}$，分别为

$$u_{I1} = x(\xi p - c_i) - c_i(1-x)$$

$$u_{I2} = x(p-c) + (\frac{p}{2} - c)(1-x)$$

$$\overline{u_I} = yu_{I1} + (1-y)u_{I2}$$

分别把复制动态方程用于两个参与博弈的群体，则企业的博弈方类型比

例的复制动态方程为:

$$\frac{dx}{dt} = x(u_{E1} - \overline{u_E}) = x(1-x)\left[\left[\left(\frac{1}{2}-\xi\right)p + c_i - c\right]y - \left(\frac{p}{2}+c\right)\right] \quad (1)$$

　　根据(1)式可知 $x = 0,1$ 或 $y = \dfrac{\dfrac{p}{2}+c}{\left(\dfrac{1}{2}-\xi\right)p + c_i - c}$ 是企业参与博弈的稳定

策略,科技中介组织的博弈方类型比例的复制动态方程为

$$\frac{dy}{dt} = y(u_{l1} - \overline{u_l}) = y(1-y)\left[\left(\xi-\frac{1}{2}\right)px - \left(\frac{p}{2}+c_i-c\right)\right] \quad (2)$$

　　根据(2)式可知 $y = 0,1$ 或 $x = \dfrac{\dfrac{p}{2}+c_i-c}{\left(\xi-\dfrac{1}{2}\right)p}$ 是科技中介组织参与博弈的稳

定策略,通过分析演化系统的雅可比矩阵的局部稳定性分析其均衡点的稳定
性,由(1)式和(2)式组成的系统的雅可比矩阵为:

$$J\begin{pmatrix} (1-2x)\left[\left[\left(\frac{1}{2}-\xi\right)p+c_i-c\right]y-\left(\frac{p}{2}+c\right)\right] & x(1-x)\left[\left(\frac{1}{2}-\xi\right)p+c_i-c\right] \\ y(1-y)\left(\xi-\frac{1}{2}\right)p & (1-2y)\left[\left(\xi-\frac{1}{2}\right)px-\left(\frac{p}{2}+c_i-c\right)\right] \end{pmatrix}$$

　　根据复制动态方程所作的分析,当 $0 < \dfrac{\dfrac{p}{2}+c}{\left(\dfrac{1}{2}-\xi\right)p + c_i - c} < 1, 0 <$

$\dfrac{\dfrac{p}{2}+c_i-c}{\left(\xi-\dfrac{1}{2}\right)p} < 1$ 成立时,系统的均衡点有 $(0,0)$,$(0,1)$,$(1,0)$,$(1,1)$,

$\left(\dfrac{\dfrac{p}{2}+c_i-c}{\left(\xi-\dfrac{1}{2}\right)p},\dfrac{\dfrac{p}{2}+c}{\left(\dfrac{1}{2}-\xi\right)p + c_i - c}\right)$ 五个,为了寻找演化稳定策略做如下分析,

如表6—2所示:

表6—2　系统的局部稳定性分析结果

| 均衡点 $(x,y)$ | $J$ 的行列式符号 | tr($J$) 的符号 | 结果 |
|---|---|---|---|
| $(0,0)$ | 正 | 负 | 演化稳定策略 |
| $(0,1)$ | 正 | 正 | 不稳定 |
| $(1,0)$ | 正 | 正 | 不稳定 |
| $(1,1)$ | 正 | 负 | 演化稳定策略 |
| $\left(\dfrac{\frac{p}{2}+c_i-c}{\left(\xi-\frac{1}{2}\right)p},\ \dfrac{\frac{p}{2}+c}{\left(\frac{1}{2}-\xi\right)p+c_i-c}\right)$ | 负 | 0 | 鞍点 |

根据分析结果,可知 $x=0,y=0$ 和 $x=1,y=1$ 是两种演化稳定策略,前者对应的是科技中介组织和企业都采取综合化策略,后者对应的是科技中介组织和企业都采取专业化策略。在 $x$ 和 $y$ 的取值区域内,除了演化稳定策略对应的两个点之外,还存在三个特殊点,其中包括两个不稳定点 $A(0,1)$ 和 $B(1,0)$,以及一个鞍点 $C\left(\dfrac{\frac{p}{2}+c_i-c}{\left(\xi-\frac{1}{2}\right)p},\ \dfrac{\frac{p}{2}+c}{\left(\frac{1}{2}-\xi\right)p+c_i-c}\right)$,参与博弈的群体,出现两种不同的分化趋势,分别向两个不同的演化稳定策略进行演化,由以上三点连成的折线 ACB 将演化区域分割为分别只含一个演化稳定策略的两个区域,如图6—8所示。在 ACB 的右上方区域收敛于演化稳定策略(1,1),就是说企业和科技中介组织都选择专业化的策略,企业向专业能力强的科技中介组织寻求帮助,而在其左下方的区域则收敛到演化稳定策略(0,0),即在企业和科技中介组织都选择综合化策略时演化稳定,企业主动承担起由科技中介组织承担的责任,避免与科技中介组织进行交流、合作,作为两种不同演化趋势的分界线,在 ACB 上的点的演化趋势不能确定,存在向两个方向发展的可能性。演化稳定策略的实现需要长期的演化,在相当长的时期内,企业和科技中介组织的发展不会单一,一定是既存在安分守己的企业,又有朝全能目标发展的企业,既存在专业性的科技中介组织,又存在提供综合服务的科技中介组织。

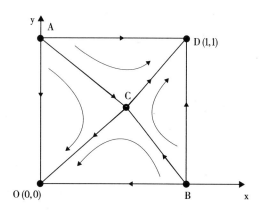

**图6—8　系统的动态演化图**

## 二、演化机制分析

鉴于企业与科技中介组织之间的密切关系,对科技中介组织与企业的协同发展做了演化博弈分析,并得知两种演化博弈策略,以科技中介组织与企业的协同发展为例,进行其演化机制的分析。

科技中介组织与企业之间的协同发展向何种方向演化是基于对于利益的权衡,科技中介组织作为服务机构,企业会根据服务的性价比做一个判断,权衡得失,随时调整发展动态。当科技中介组织的服务达到企业的要求时,企业会主动与科技中介组织进行接触,把科技中介组织的服务和帮助当作是解决问题的有效途径,并且随着交流的经验增加,对科技中介组织与企业的关系具有准确的把握后,企业会相应的做一些组织结构方面的调整,以促进与科技中介组织的良性互动。同时,随着企业要求的不断提高,科技中介组织即将面临着专业能力的挑战,科技中介组织不可避免的会转向纵深发展,形成具有专业特点的核心竞争力。这时表现出来的是向 D 点的演化趋势。反之,当科技中介组织与企业之间的协作不被企业看好时,企业借助于科技中介组织进行发展的积极性就会大幅度降低,企业依靠自身的力量实现一些本可以由科技中介组织完成的功能,科技中介组织的发展处于被动状态,仅依靠某种专业服务已经无法支撑组织的发展,扩展业务面成为科技中介组织的救命稻草,这时向 O 点演化的趋势就出现了。

### 三、演化路径及网络

创新网络是由 Freeman 提出,Freeman 认为创新网络体系是企业之间的合作创新而相互联结的,是创新行为系统化,实现集聚创新的一种策略形式。协同创新网络是一种创新的组织模式,是一种网状的组织模式,其主要功能是为提升创新功效,将很多资源要素结合起来,形成一种网络层次结构形状的组织机构。协同创新网络是由节点组成,节点的有效组合形成关系链条,节点和链条有机组合成协同创新网络。协同创新网络是一个在动态中的开放性网络,同创新网络的节点和网络层次根据时间和环境的变化发生着变化,知识网络结构随之更新,并且整个网络在外界信息和科技的冲击之下,不断地发生反应,调整网络的层次,改变节点之间的相互关系,更好的实现创新资源的互动和创新资源的共享,使协同创新网络处在一种动态稳定的状态中。

在区域创新主体中,科技中介组织与区域创新主体之间的互动发展,主要体现在通过相互的合作,从而发挥资源和资金的聚集优势,推动科技中介组织以及各种区域创新主体的发展,实现共赢的过程。协同效应的发挥应该是通过以企业为中心,由政府和大学、科研机构以及其他资源或资金持有机构作为支撑,由科技中介组织将两者对接的协同创新网络实现的,其他的资源或资金机构主要是指银行等金融机构,以及持有其他生产要素的机构。区域创新系统中的协同创新网络的形成需要建立在以下条件之下:

科技中介组织、政府、企业、大学及科研机构等机构建立在信誉机制的基础上,这是协同创新网络的前提。具体的讲,就是科技中介组织的工作获得政府、企业以及大学及科研机构等机构的信任,并且企业能够履行应有的责任,从而使科技中介组织的作用可以得到充分发挥。

政府、大学、科研机构和其他持有资源或知识的机构相对于企业有要素优势,可以为企业提供各种服务,处于协同创新组织的最外层。

协同创新网络的形成主要是由资金或是人才等资源的流通链和技术、管理等知识的转移链支撑而形成的,科技中介组织与政府等区域创新主体协同发展形成的协同创新系统,如图6—9所示。

(一)协同发展的网络层次和节点的构建

协同创新网络构建如图6—9所示,节点有政府、大学和科研机构、其他的资源或知识持有机构、科技中介、企业,各个节点根据自身的条件而分布于协

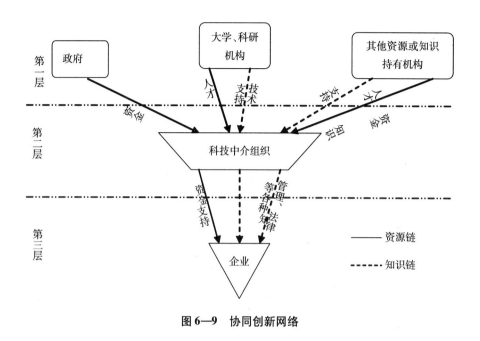

**图6—9 协同创新网络**

同创新网络的不同层次,政府以及大学和科研机构等组织为创新的进行贡献各自的资源或知识,科技中介组织则发挥桥梁作用,成为生产要素的提供者与企业之间的黏合剂。在图6—9中,协同网络层次分为以下三层:

第一层是生产要素的提供层。政府作为服务和调控部门,从拨发专项资金等方面支持创新,大学、科研机构发挥自身优势,向各单位输送人才,并提供技术支撑,其他的资源或是知识的持有机构,也是各尽所能,为创新网络的构建贡献力量。

第二层是位于中间的科技中介层,科技中介组织主要是打通第一层和第三层的连接渠道,使第一层的资源能够输送到企业中,从而最终实现创新。

第三层是创新型企业,也是最关键的一层,直接关系到集聚效应的发挥。企业的资金或人才、知识等方面都可能会出现匮乏的问题,这就需要通过科技中介组织的纽带,使第一层的各类生产要素对第三层的企业形成支撑。

(二)协同创新网络的关系链条构建

在图6—9中,协同创新网络的关系链条,是在各节点之间的资源链和知识链,这是协同创新网络存在的核心,可以分为同一层次内部的和不同层次间的。

第一层内部的政府、大学、科研机构和其他资源或知识持有机构之间的联结,是一种强强联合,都具有较为丰厚的资源优势,通过互惠互利增强自身能力。政府作为国家机关,通过与其他组织机构的交流实现为人民服务的宗旨,并向科技研发提供政策和金融方面的支持,在第一层中,通过资金的流动和知识的转移实现资源的配置合理化,为创新网络的成熟打好坚实的基础。

在第一层与第三层之间的关系链条,是科技中介组织有效发挥其功能的前提。科技中介组织在政府的引导和支持之下,协同科研机构的科研成果、技术信息,大学的人才信息,以及金融机构等其他组织的相关情况,形成稳定的资金链条和知识链条。

科技中介组织与企业之间的链接具有深远的战略意义。在集结了各类生产要素的前提之下,科技中介组织的公信度会得到显著提高,通过为企业的创新过程输送所需要的生产要素,使创新网络的集聚效应从理论落实到实践之中,实现创新网络中各个节点的共赢。

(三)以开放与共享为核心的科学数据和信息资源共享的管理机制建设

协同创新网络没有严格的界限,是一个开放的系统,需要与外界进行能量交换,即进行资金和人才等各类生产要素的交流。协同创新网络内部的各个节点之间也由许多的链条相互架通,实现科技资源和信息的共享。在进行科学数据和信息资源的共享时,要围绕开放和共享的核心实行正确的激励、规范和监督机制。

共享是共赢的前提,保证知识的共享才能使创新网络创造价值。面对信息资源和科技数据共享存在的隐患,科技中介组织以及区域创新主体也许会消极应对,放弃某些方面的共享。为了充分调动各种组织的积极性,政府需要制定相应的激励机制,包括物质激励和精神激励。在物质方面,设立专项的奖励资金,对通过科技知识共享而获得创新突破的单位给予高额奖励,对于积极参与的组织也拨发参与鼓励资金;在精神方面,设立相关的荣誉称号,并进行表扬。

科学数据和信息资源的分享牵扯组织的根本利益和相关权益的保护,形成规范的分享流程,规范交易行为,明确相关权益的保护方案,并制定相应的法律法规,使科学数据和信息资源的分享从无序到有序,能够直接改善资源共享的局面。

相关部门应该对科学数据和信息资源的分享特别关注,对分享的过程实施监督,制定完善的考核体系,合理设置考核对象、考核指标、考核机构、考核周期、考核奖励、考核惩罚等要素。绩效评估机制直接决定了绩效评估的质量和结果,是有效监督的重点内容。

### 四、合作博弈分析

博弈论主要分析博弈主体(决策者)在做出各种决策时(选择各种策略时)的效应,即实现自己的利益最大化。合作博弈论主要研究在一定的信息条件下,博弈主体(决策者)在保持彼此决策均衡条件下实现自己效应最大化。根据合作博弈论的相关理论和方法,分析在科技中介组织的协调下,政府、企业、大学及科研机构合作进行博弈,以探讨在科技中介组织的协调下,政府、企业、大学及科研机构的合作策略。在一定的信息条件和政策体系下,政府、企业、大学及科研机构四个区域创新主体中任何两个创新主体作为博弈的参与者,用 A 和 B 来表示。任何两个创新主体都在科技中介组织进行协调的条件下进行合作博弈。将通过科技中介组织协调的博弈称作间接合作博弈,不通过科技中介组织协调的博弈称作直接博弈。博弈的规则如下:如果选择间接合作博弈,则效应(即利益)为 1 分;否则,利益为 0 分。如果 A 选择通过科技中介组织协调的间接合作博弈,那么 B 必然选择通过科技中介组织协调的间接合作博弈。如果 A 选择不通过科技中介组织协调的直接合作博弈,那么 B 必然选择不通过科技中介组织协调的直接合作博弈;如果 A 知道 B 选择不通过科技中介组织协调的直接合作博弈,则 A 选择不通过科技中介组织协调的直接合作博弈。因此博弈的结果如图6—10 所示。

博弈的最后结果是 A 和 B 都选通过科技中介组织协调的间接合作博弈,但是博弈的另一种情况就是当区域创新主体(A 或 B)知道另一方选择直接合作博弈,那么选择直接合作博弈,这是非合作博弈,双方受益较小。如果任意的两个区域创新主体选择不通过科技中介组织协调的直接合作博弈,将产生的总效应是 R,如果任意的两个区域创新主体选择通过科技中介组织协调的间接合作博弈,将产生一块溢出效应△R,总效应将变成 R+△R。△R 的值可能是正,也可能是负,这主要取决于科技中介组织能否有效地协调区域创新主

|  | A　间接合作 | A　直接合作 |
|---|---|---|
| B　间接合作 | （10,10） | （0,10） |
| B　直接合作 | （10,0） | （0,0） |

**图6—10　区域创新主体博弈图**

体的关系。如果科技中介组织能满足区域创新主体创新的需要,科技中介组织能有效地协调区域创新主体的关系,△R 的值是正,产生正向的外部效应,这说明科技中介组织在区域创新体系中有效运行,进而促进了区域创新系统的运行效率。如果科技中介组织不能满足区域创新主体创新的需要,科技中介组织不能协调区域创新主体的关系,△R 的值是负,产生负向的外部效应,这说明科技中介组织在区域创新体系中不能良好的运行,进而影响了区域创新系统的运行效率。因此,如何通过完善相应的政策制度体系,完善市场环境,促使科技中介组织在区域创新体系中有效运行,进而促进区域创新系统的运行效率,这是区域创新体系建设的一个关键点。

科技中介组织的黏合剂作用能影响区域创新系统运行效率,对区域创新体系的社会效益和经济效益将产生重要的影响。因此,用创新递增绩效来衡量科技中介对政府、企业、大学及科研机构创新效益的影响,即科技中介组织的协调使创新递增绩效由 $A_1, A_2, A_3$ 变化为 $A_1 + a_1, A_2 + a_2, A_3 + a_3$。提出相关假设如下:

政府、大学和科研机构、企业用于创新的投资分别为 $C_1, C_2, C_3$,政府、大学和科研机构实现的创新社会效益分别为 $zC_1^{A_1+a} - C_1, yC_2^{A_2+a_2} - C_2$,企业在研究阶段内创新的产品和服务面临的需求量为 $q_i$,价格为 $p_i$,$i$ 表示创新产品的种类,$i = 1, 2, 3, \cdots, n$。企业创新的效益(经济效益和社会效益)

$$\sum_{i=1}^{n} p_i q_i + bC_3^{A_3+a_3} - C_3$$

那么区域创新系统总收益:

$$G = zC_1^{A_1+a} - C_1 + yC_2^{A_2+a_2} - C_2 + \sum_{i=1}^{n} p_i q_i + bC_3^{A_3+a_3} - C_3$$

当没有科技中介的参与时,$d=0$,因而我们引入如下变量

$$k = \begin{cases} 0 & \text{当科技中介不参与时} \\ 1 & \text{当科技中介参与时} \end{cases}$$

因此,区域创新系统总收益:

$$G = zC_1^{A_1+ka} - C_1 + yC_2^{A_2+ka_2} - C_2 + \sum_{i=1}^{n} p_i q_i + bC_3^{A_3+ka_3} - C_3$$

根据区域创新系统总收益模型,科技中介组织对区域创新主体的协调将影响区域创新系统的运行效率,因此,如何通过完善相应的政策制度体系促使科技中介组织在区域创新体系中有效运行非常的重要。

# 第七章　科技中介组织在区域创新体系中运行对策

## 第一节　完善管理体制、机制及投融资机制

### 一、健全法律法规和政策体系

完善法律法规和政策体系,主要是完善促进科技中介组织在区域创新体系中有效的运行的法律法规和系列的政策制度。

美国以及欧洲等国家非常重视科技中介组织在区域创新体系中的运行,非常重视通过制定完善的法律法规促进科技中介组织的发展,重视通过制定完善的法律法规体系来促进科技中介组织在区域创新体系中的运行。如美国通过立法并由政府拨付专款支持科技中介组织的发展,美国大多数州都制定了有关科技中介组织的立法来支持科技中介组织的建设,通过立法来促进科技中介组织在区域创新体系中的运行。美国税法对科技中介组织采取了优惠政策,以此促进科技中介组织与区域创新主体有效协同发展。欧洲等国家也通过制定完善的政策制度体系来推动科技中介组织的发展,以此来促进科技中介组织在区域创新体系中的有效运行,进而实现区域创新系统的有效运行。近些年来,欧洲国家如德国、英国和丹麦等国家科技型企业发展非常快,这与这些国家通过完善的法律法规来完善市场体系,推动科技中介组织的发展密不可分。如德国、英国、丹麦和法国制定了系列有关促进科技中介组织的发展的法律法规体系,通过促进科技中介组织的发展来促进科技型企业发展,实现科技中介组织在区域创新体系中的有效运行。

借鉴国外经验,为了促进科技中介组织在区域创新体系中的有效运行,应完善促进科技中介组织发展的法律规范,通过完善科技中介组织发展的法律法规来促进科技中介组织的发展,进而实现科技中介组织与区域创新主体的

互动协同发展,达到区域创新系统的有效运行。促进科技中介组织在区域创新体系中的有效运行的政策制度主要包括行业市场规范制度、税收财政制度以及有效激励制度,等等。

另外,政府要科学进行角色定位,不再直接干预科技中介发展,而是通过制定法律法规、政策导向来扶持和引导科技中介业的发展,让科技中介成为独立运营、市场化运作的经营主体。要将过去那种政府主导的模式转变为政府引导、科技中介自主经营、自负盈亏的模式,让科技中介在遵循市场经济规律的前提下,找到适合自身发展的模式,真正做到对自己负责,从而更加专心地致力于服务能力的提高。

制定的政策体系要完善,不仅要包括宏观的政策、制度、措施,相应的配套性、执行性的措施、政策、制度也要制定的有层次,每一层级的制度责任主体要充分发挥各自的作用,做好自己的本职工作,并与其他责任主体相互配合、相互扶持,共同促进政策更好地贯彻实施。在政策的基础上,要制定相应的奖惩措施,建立促进科技中介组织在区域创新体系中运行的长效机制,对严格执行政策,促进科技中介组织发展以及在区域创新体系中有效运行的相关主体进行物质奖励和精神奖励,对违反制度政策的相关主体要进行惩罚。

国外政府普遍加大了对科技开发和应用的干预,但从总体上看,仍然奉行引导但不干预的理念。国外政府履行促进创新的责任,并不简单意味着财政拨款,而是更多地表现为塑造和培育一整套体系性政策,形成相互协调的服务体系,衔接科研活动与产业化活动。借鉴相关经验,要重视完善财税优惠激励政策,通过税收财政政策来促进科技中介发展以及实现科技中介组织在区域创新体系中的有效运行。对于重大的科研项目可以提供无息财政资金,允许科技组织进行分期偿还。在税收方面,可以根据科研成果重要性的程度制定不同层次的税收优惠政策,这些优惠政策在很大程度上能够缓解相关资金的不足,从而使得一些需要很多资金的科研活动能够开展。进一步完善系统的科技中介组织发展的资助标准体系。根据制定的标准,按照分类管理原则,对不同类型并结合考核结果给予相应的经费补助。在科技产业化政策上,不仅注重资助单个技术和项目,而且要重视对创新网络、创新技术平台以及信息平台建设的资助。同时各地方政府应根据地方经济社会发展的实际,制定和完善促进地方科技中介组织发展的法规和政策,并重视政策落实。可借鉴上海的经验,成立促进科技成果转化服务中心,根据有关政策,独立确定企业是否应享受相应政策,提高了政策落实的效率。

要从知识产权保护、企业技术秘密保护、无形资产保护、技术成果入股分红等方面形成一系列的制度政策来促进科技中介组织在区域创新体系中的运行。要使得知识产权保护、科技技术保护、无形资产保护等相应的政策得到落实,首先要强化科技企业的各类知识产权保护意识。出台系列政策,支持和鼓励科技中介组织提高技术预见能力。技术预见是一项集技术前瞻、技术选择形成于一体的系统工程。日本现已进行七次大规模的技术预见,美国、欧洲等均进行技术预见研究,致力于关键技术选择,以赢得技术制高点和产业制高点。政府在进行系列的技术预见研究的基础上,支持科技中介组织开展技术预见活动,充分利用新的市场机会,面向在孵企业,研究未来产业发展趋势,实现一系列关键技术与通用新技术的有效组合。在进行技术预见性研究时,要充分汇集高校科技人才、科研院所研究人才、政府相关人员等对科技创新领域独特的见解,可以将这些领域中相关人员集中起来,进行充分的讨论,发挥"头脑风暴"的作用,以便使科技预见性活动更加准确。

**二、完善科技中介组织管理体制和管理机制**

科技中介组织发展的管理体制和管理机制是制约科技中介组织在区域创新体系中有效运行的一个重要因素。理顺科技中介组织发展的管理体制和管理机制是促进科技中介组织发展,实现科技中介组织在区域创新体系中有效运行的关键。明晰科技中介组织在区域创新体系中的定位,明确科技中介组织的权力和责任,理顺科技中介组织与政府的关系,完善管理体制、管理机制与监督机制。通过政府这一创新主体建设完善的政策体系,促进区域创新系统的发展。政府应为科学技术的发展营造良好的制度环境,塑造和培育一整套体系性政策,形成相互协调的服务体系,衔接科研活动与产业化活动,形成相对完整的政策支撑体系。为了保证政策能发挥预期的效果,政府必须在政策制定之前做好准备工作,找准政府在区域创新系统中的定位。正确确定政府的角色,使区域创新系统真正成为一个有机整体,政府成为支持、促进区域创新系统发展的制度供给者、市场监管者,在做好硬件环境建设的同时,努力营造更好的制度软环境。政府在科技中介组织参与科技创新活动中,主要起到的是引导性的作用,扮演的是服务者、监督者的角色。科技中介组织必须理顺在区域创新体系中和政府的互动关系,才能在发挥政府作用的基础上,调动科技中介组织参与科技创新的积极性和创造性,进而促进科技中介组织在区域创新体系中有效运行。

要进一步完善科技中介组织的管理体制和管理机制,切实提升科技中介组织在区域创新体系中的运行效率。在科技中介组织管理体制上,除部分公益性科技中介组织外,将政府经营的科技中介逐步实行社会化转制,并进一步深化科技中介机构的内部治理结构,积极探索股份制等现代企业的运作形式。在管理体制上科技中介组织应该逐步推进市场化体制改革,建立多种投资主体下的多元化结构,积极进行股份制改造,建立真正意义上的现代企业运营模式。

在科技中介组织运营机制上,科技中介组织要加强自身管理模式的塑造,首先要重视和明细自身的发展战略。科技中介组织在制定自身发展战略时应按照以下步骤:宏观环境的 PEST 分析(政治、经济、文化和技术),中观环境的五力模型分析(供应商、替代品、现有竞争者、潜在进入者、客户),企业内部分析法(分析企业内人、财、物等),SWOT 分析(内、中、外结和分析,分析企业的优势、劣势、机会和威胁),标杆研究(目标企业的系统分析),确定目标,目标实现的保障措施。

科技中介组织在明晰自身战略目标的基础上,要完善自身的企业文化。在企业文化建设上,首先结合企业的实际,根据自身特点,结合头脑风暴法制定出科技中介组织自身的精神文化(科技中介组织的使命、科技中介组织的远景以及科技中介组织的价值观),然后进行宣传教育和物质文化建设,物质文化建设主要包括企业内部的看板(宣传教育作用)和员工服装等通过视觉对人产生影响的部分。物质文化建设的主要目的是宣传精神文化体系和理念。在宣传教育基础上,要及时树立典型,并以典型为机会进行制度文化建设。在科技中介组织内部的精神文化、物质文化和制度文化建设的基础上,要高度概括一句话,即科技中介组织的形象用语对外宣传,这句话要朗朗上口,并且要体现科技中介组织的运营和服务理念。形象用语能有效提升科技中介组织的品牌形象。

在运营流程体系完善上,首先,要明确科技中介组织内部的决策计划流程,规范科技中介组织内部的决策计划程序,有效使用头脑风暴法等定性的决策方法和各种定量的决策方法。然后,优化科技中介组织的组织结构模式(直线制组织结构模式、直线职能制组织结构模式、事业部制组织结构模式和矩阵式组织机构模式。优化组织的机构模式要进行工作分析(岗位分析),明晰科技中介组织内部需要设立的部门、部门内需要设立的岗位以及岗位职责说明书,并且将科技中介组织内部的运营流程以流程图的形式明确表示出来(各级授权在流程图上显示出来)。在工作分析(岗位分析)的基础上,对科技中介组织的组织结构模式进行优化。其次,要完善科技中介组织的领导和激励模式。科技中介组织内部的各级管理者应有效掌握领导和激励的理论和方法,要根据环境的特点和下属(员工)的特点灵活选择运用领导方式和激励模式。对于科技创新型的人员要采用宽容民主型的领导方式。领导者不仅要具有职位力,好的领导者更重要的是具备个人影响力,具有优秀的品质、魅力、资历等,因个人影响力而产生的领导力才能更长久。在激励方面,要真正了解每一位人员的需求,并尽量满足。要让每一位人员感到在组织中受到的待遇是公平的,只有这样才能调动起每一位科技人员的积极性,才能更加积极地投入到科技创新活动中去。最后,要完善科技中介组织内部的控制程序和流程,科学有效的运用事前控制、事中控制和事后控制。最后,科技中介组织在运营管理上要持续进行创新。

搭建公共服务平台,促进科技中介组织的网络化发展,以提升区域创新系统的运行效率。要逐步建立和完善科技信息网、视频电话会议系统建设,建立技术库、成果库、项目库、企业库、专家库等数据库,为科技中介组织及时、准确地收集并处理信息提供公共服务平台。引导科技中介组织更新服务理念,运用现代科学技术知识,创新服务方式,形成核心业务。同时,加强内部管理,健全制度,完善组织结构,依法服务,提高自身的形象和诚信度。在管理制度上应完善科技中介组织自身的财务制度、营销制度、服务标准和服务质量制度以及招聘制度、培训制度、绩效考核制度、薪酬福利制度以及员工的中长期激励以及员工职业生涯制度,通过完善的制度体系推动科技中介组织在区域创新体系中的有效运行。

### 三、加强科技中介协会的建设

要重视科技中介协会的建设,通过完善科技中介协会,有效规范竞争主体的行为,完善市场调节机制,提升区域创新系统的运行效率。完善科技中介协会的组织结构及运行机制,发挥科技中介行业协会的监督作用。日本的中介行业在政府法规和政策的指导下,由各种工业会履行对所属企业的行业管理职能。美国的科技行业协会一方面代表会员利益与政府及议会沟通协调,另一方面对行业内的成员加以制约。科技中介行业协会的监督能有效规范科技中介的行为,促进科技中介与区域创新主体的协调沟通,协调科技中介行业的政策研究、项目培育、服务规范、创新文化建设、信息交流、人员培训、规范管理、协调管理等工作。

科技中介行业协会的监督作用,首先表现在制定行业标准,然后才是对行业内科技中介组织的行为进行监督。制定的标准不能形同虚设,要真正地做好宣传,还要抓典型,无论是正面的还是反面的都要抓典型,才能更具有说服力,才能在本行业中形成良好的风气,促使行业内每一个科技组织都认真遵守行业规则。科技中介行业协会的作用不仅仅是监督作用,更重要的是要加强行业内科技中介组织之间的技术方面、人才资源方面以及科技信息资源等方面的交流与合作,促进科技中介组织与区域内其他创新主体的交流合作。具体来说可以从以下几方面来进行:

一是要加大对生产力促进中心、科技咨询等类型的科技行业协会建设的政策导向力度,引导其建立科学、民主的决策程序和自我管理、共同发展的运作模式,使之能够为行业发展提供市场调研和预测、项目论证与评估、国际交流与合作以及人才培训等方面的服务,使行业协会既能及时向政府有关部门反映行业发展的实际状况以及提出促进行业发展的意见和建议,又能联系其他科技中介服务组织、政府、科技企业、科研机构、高校,成为联系两端的重要纽带。

二是要指导各类科技中介行业协会建立行业自律制度。要对各类科技中介行业协会开展行业自律给予充分授权和支持,指导各类协会制定科技中介组织的行业行为规范、服务标准、企业道德标准,建立科技中介组织的奖惩制度、个人服务资质认证等行业管理制度,使行业发展向着法制化、规范化的方向发展。

三是要指导协会建立科技中介组织的信誉评价体系。指导协会对科技中介组织以专业和综合服务能力、服务效益、服务质量和社会知名度、认可度及科技中介机构内部管理水平、遵纪守法情况、顾客满意度等为评价指标,建立信誉评价体系,督促科技中介组织以评价高的科技中介组织为目标,不断完善自身以上各方面的能力,塑造积极上进的、相互竞争的良好行业风气,推动行业中科技中介组织整体服务能力的提高,切实提升区域创新系统的运行效率。

### 四、建立多元化、市场化的投融资机制

要建立促进科技中介组织在区域创新体系中有效运行的多元化、市场化的投融资机制。政府有关部门要对科技中介服务提供政策上的融资优惠,比如税收部门要对那些从事技术开发、技术转让、科技咨询、技术交易等的科技中介组织制定相应的税收优惠政策,在营业税、所得税方面应给予特定的优惠,对在科技中介服务组织中从事科技中介服务的科技人员也应给予一定的激励政策。

风险投资基金是融通资金的重要渠道之一,所以要充分发挥风险投资公司的重要作用。要积极探索科技中介的资本运作模式,积极吸引民间资本进入,建立投资主体和投资渠道多元化、运作模式市场化的科技中介投融资模式。积极建设多元化的投融资机制,通过政策引导科技中介组织、企业的融资方式由单一化向多元化转变,即向政府、风险投资商、科研机构、大企业等各种渠道寻求投资,并通过这种资金联结方式,实现多方利益的捆绑,加强各方合作,最终实现"共赢"。同时政府应重视建立实际可行的资助标准体系,并且按照标准对系统中的科技中介组织、企业进行分类,针对不同类型,结合本类型的特点,选择适当的管理方式进行管理,实施考核,依据不同的考核结果,给予相应的经费补助。对于影响力大、辐射力强的企业应该给予特别关注,加大资金投入。

(·)鼓励民营企业和投融资公司等社会资本参股或投资科技中介组织,促进科技中介组织在区域创新体系中的有效运行

通过企业对科技中介组织的扶持,帮助科技中介组织成长和发展。另外,可以通过企业与科技中介组织的合资、合作,提高科技中介组织的成果转化效率和服务质量。例如,对目前已经发展成熟具备市场化运作条件的政府主导

的科技中介组织,政府鼓励其进行股份化改制,充分利用市场经济的法则,鼓励小企业通过转让股份、合作、技术入股等方法进行融资。通过改制,为科技中介组织注入新的活力,进而提升科技中介组织的质量。

(二)充分利用银行信贷,提高科技中介组织资金的利用率

银行在区域创新系统中发挥着很大的作用,银行信贷应是科技中介组织和企业融资的主要渠道之一。然而,目前在科技中介组织的投融资结构中,银行信贷所占的比例很小。为了改善这种局面,我们可以做好以下几方面工作:第一,建立与金融机构的定期联系制度,促进相互间的了解,从而能够更好地为科技中介组织提供资金支持。第二,可以请金融机构担任科技中介组织的理财顾问,为科技中介组织做好财务计划与财务规划,提高科技中介组织的资金利用率。第三,利用银行信贷机构加强科技中介组织项目的策划、论证和评价,如果论证可行,可以对该项目进行投资,从而增加科技项目的数量,提高创新水平。可以根据评价结果制定不同层次的利率标准,从而鼓励科技中介组织改善自己的形象,提高自身的服务能力和效益,争取获得更大的贷款优惠,这样做不仅效益好的科技中介组织获了贷款优惠,还促使效益差的中介组织提高自己的服务能力,意义重大。做好项目和企业的选择和推荐工作,提升科技中介组织的可信度及融资能力。

(三)加强风险投资基金建设,重视风险投资公司在区域创新系统中的作用

在科技中介组织的投融资结构中,风险投资所占的比例较小,必须加大风险投资的投资力度,能有效缓解科技中介组织资金不足的问题。在这方面,可以借鉴深圳市的政府经验,定期举办风投会,架起连接科技中介组织和风险投资公司的桥梁。通过举行风投盛会,可以为科技中介组织及企业的研发活动募集资金,也可以鼓励科技中介组织及企业进行自主创新活动。另外,政府也可以通过风险投资机构直接创办科技中介组织的形式,将资金投资于科技中介组织。例如加强科技风险投资基金的建设,扩大基金规模;对各级科技风险投资基金划出相应的比例用于投资科技中介组织的高新技术企业;制订风险投资的奖励办法和补偿办法,鼓励境内外风险投资进入科技中介组织。建立风险投资基金,直接资助技术第一次商品化。通过股权激励或补贴,激励对种子期技术企业的投入。促进银行机构对于种子期技术企业的信贷等。

在鼓励风险投资公司对科技中介组织进行投资时,要制定相应的风险补偿制度和激励政策,组织相关专家对科技创新活动进行科学地评估和论证,以降低风险投资公司对科技创新活动价值的不确定性。

(四)合理协调各种资助基金,使资金发挥最大效力

在国外,有专项合作基金促进科技中介组织与区域创新主体的合作,以提升区域创新系统的运行效率。如美国、德国、日本等创建的科学基金、教育或商业联合奖励基金、教育与企业合作奖励基金等。这些基金在很大程度上满足了科技中介组织与区域创新主体的合作所需要的资金。因此应该根据各种资金的特点,以及投资方的投资取向,对于不同的资金,结合科技中介组织的行业差别和发展情况,进行恰当运用。将中央和地方政府的各项资助的各类专项资金投入商业性资本不敢或不愿投入的领域;将政府资助作为引子和补偿金,通过降低社会资本进入的风险,引导商业性资本加大对科技中介组织的资本投入。要有效融入和管理各种非营利机构与组织、经济开发团体、各类地区性开发计划、发展基金、私营企业以及社会团体和高等院校对科技中介组织建设投入的资金。

## 第二节　延伸科技中介组织在创新体系中服务范围

### 一、加强对建设科技中介组织重要性认识

在美国和欧洲等发达国家,由于科技中小企业能有效地解决就业等问题,因此他们非常关注和支持科技中小企业的发展。因此,美国和欧洲等发达国家非常关注和支持促进科技企业的发展的科技中介组织。由于我国的市场经济体制正在进一步完善中,支持和鼓励中小企业发展的氛围和环境正逐步完善,对支持中小科技企业发展的政策环境认识不足,对科技中介组织这一推动科技型中小企业发展的有效模式的认识还相对薄弱。

为了促科技中介组织的发展以及进科技中介组织在区域创新体系中运行效率,应通过系统化的宣传模式,进一步提升对建设科技中介组织重要性的认识,提高社会各界对科技中介组织的认识水平以及对科技中介组织建设及发展高新技术产业重要意义的认识,营造一个有利于科技中介组织发展的良好的社会环境。只有整个社会的认识提高了,社会关心、支持和积极参与科技中

介组织的建设,才能使区域创新系统高效运转。同时,要加强科技中介组织在区域创新体系中运行的相关研究,用科学的理论来规划、指导科技中介组织的建设与发展,切实解决不利于科技中介组织在区域创新体系中运行发展的系列问题。

长期以来,人们对科技中介行业的发展的重要性认识不足,许多企业在经营上对中介服务缺乏有效需求,这种认识导致市场对中介的需求不足;另外,目前科技中介组织在发展和服务上存在一些问题,从某种程度上影响了人们对科技中介组织重要性的认识。对此,要采取有效措施,消除全社会对科技中介组织发展的模糊认识,特别是政府部门要从实施科教兴国战略高度充分认识科技中介组织存在及发展的重要性,增强紧迫感和责任感;要通过各种形式宣传科技中介组织对于全面提高区域创新能力,促进产业结构优化升级中所起到的作用,提高全社会对科技中介服务的理性认识。为了提升科技中介服务组织在区域创新中的运行效率,提高全社会对科技中介服务体系建设的重视,相关部门以及相关科技中介行业协会共同举办科技中介服务周。在科技中介服务周举办期间,要让新科学技术、新科技成果得到充分展现,要举办科技产品交易活动,提高新科技成果的知名度和交易量,举办科技中介组织发展研讨会、生产力促进中心发展研讨会等一系列科技中介服务交流活动等。通过举办科技中介服务周,使各类科技中介服务机构展现在推进科技与经济结合中的桥梁和纽带作用,加强人们对其重要性的认识,亲身感受到科技中介服务的实效。科技中介机构在服务周期间全面亮相,展示了能力,锻炼了队伍,提高了知名度,增强了信心,明确了方向,为今后把区域科技中介服务体系建设推进到一个新的水平起到了重要作用。

同时还要教育科技中介组织和从业人员不断提高服务水平和服务质量,逐步形成守信用、讲诚信的行业风尚,以良好的信誉和优秀的服务能力,赢得社会的理解、重视和支持,调动社会各方面的力量,共同推动我国科技中介组织不断发展壮大。

**二、延伸服务范围,完善公共技术服务平台**

(一)延伸科技中介的服务范围和深度,提升服务增值能力

积极鼓励有关科技部门和社会力量发展科技中介服务,增加科技中组

织的数量,扩大服务范围;对现有的各类科技中介组织,政府要引导其明确服务定位,发挥自身业务方面的专长,培育自身的核心能力,打造服务品牌,提高服务质量。在发展中要突出生产力促进中心的建设,在组织结构、运行机制、服务方式和规范上树立典型,以此带动其他科技中介组织的发展。

延伸科技中介的服务范围和深度,让科技中介参与到区域创新主体的全过程创新活动,如参与到大学及研究机构的研发的全过程,参与到企业从需求信息采集、技术研发、产品试制到产品商品化的技术创新全生命周期过程,以便使科技中介组织充分了解到科技创新的全过程,能够针对科技创新过程的特定阶段提供特定的服务,也有利于科技中介组织认识到自身服务能力的不足,从而进行改正,促使其服务水平的提高。这样,不仅有利于科技中介组织的发展,也能够更好地为企业服务,促进科技企业的发展。同时重视完善科技中介组织的服务质量,建立多元化的服务体系,重视"科技中介品牌"的培育。具体来说可以从以下三个方面来落实:

(1)各级政府部门应积极采取措施,鼓励科技中介组织对当今快速变化的科学技术要有一个敏锐的视角,并且加以利用,以不断创新其服务模式、服务手段和组织结构,不断扩大其服务内容,不断提升其服务水平,将服务内容向技术集成、产品设计、技术咨询等高端内容转化,还可以在软环境方面为科技企业提供服务,比如为企业设计合理的管理结构,制定完善的规章制度和经营机制等领域,以满足日益多样化、高层次的科技服务需求。为了促进科技中介组织在区域创新体系中有效的运行,要开展系列活动,推进科技中介服务体系向市场化方向发展。科技中介组织要积极参与大型活动,不断提高服务能力。服务能力与水平,是科技中介组织得以在社会上生存和发展的基本条件。要坚持把科技中介组织推向市场,在服务实践中不断提高服务能力和水平。相关科技部门和科技中介行业要经常组织如科技活动周、技术交易会等大型活动,并渐渐地让科技中介组织承办各项活动,使一批中介组织在服务实践中得到锻炼,提高其策划分析、咨询代理、交易推介、协作服务的能力,逐步成为具有高服务水平的科技中介组织。

要坚持把科技中介服务能力建设作为支持科技产品创新的重中之重,为科技成果进入科技企业创造条件;通过政策引导科研院所、高校、科技人员和社会力量,大力发展从事技术测评、技术贸易、评估咨询、创业服务、信息服务以及提供财务、法律、金融、经营管理和市场营销服务的中介组织,从而能为产品创新提供多样化、全面的科技中介服务,从而推动科技中介服务体系较快发展。在科技中介组织对技术产品进行可行性分析及市场价值评估时,如果结合高科技声光电、图文声像进行立体展示和现场推荐,就会让其他科技组织真切地感受到新技术的创新点,竞争力、市场前景、可行性在哪里,值不值得投资,特色鲜明,吸引群众,促进科技中介组织在区域创新体系中有效的运行。各类科技中介组织要积极发挥作用,对科研院所、科技企业的项目商业化进行评估、论证,为院所、科技企业与金融机构的联系提供服务,为研发新的技术成果提供资金方面的支持,从而促进科技成果产业化。

(2)加强科技中介组织与政府、科研机构、高校和其他中介组织的协同发展。充分利用科研组织、高校丰富的专业知识、科技创新人才以及在技术开发、技术测试和科技研发设施方面所具有的优势,以便更好地为科技企业提供科技中介服务;另外,在技术方面提供中介服务的中介组织要与律师事务所、会计师事务所、资产评估企业等服务机构和投融资机构协调配合,为科技创新的全过程提供综合全面的服务。

(3)重点扶持优势科技中介组织。政府有关部门要做好科技中介组织的评估工作,选择那些效益好、有服务优势的科技中介组织,加大扶持其在科学技术研发平台建设、科研设备购置、服务人员培训、科技人才交流等方面的力度,不断提升服务质量和水平;另外,还要提升其在项目论证、效果评估、管理水平等方面的能力,促使科技中介服务组织向企业化、市场化、产业化和国际化方向发展。要使科技中介组织的服务水平有新的突破,在发挥市场对科技中介服务需求的拉动作用的同时,还需要政府积极的引导与推动。政府在推进科技研发和科技成果产业化的过程中,一是要强化科技中介服务是构建区域科技创新体系重要组成部分的认识,是科技与经济相结合的重中之重,是科技促进经济发展的催化剂;二是举办科技中介服务周,交流经验,宣传典型,展现成果和能力;三是积极引导和鼓励科技人员到科技服务业工作,创办各类科技中介组织;四是加快转变政府职能,政企要分开,为科技中介组织开展服务业务提供政策及财政导向服务,逐步营造有利于科技中介组织发展的良好环境和氛围。

(4)进一步改善、提高生产力促进中心的科技中介服务能力。生产力促进中心是依靠政府的政策指导和支持,为科技企业技术创新提供全面服务,要不断完善生产力促进中心内部的管理机制、制度创新及组织结构,各级地方科技行政管理部门要将生产力促进中心工作纳入当地的科技发展计划,为生产力促进中心的建设提供必要的政策支持。在资金方面,可设立专项基金每年将其拨款给生产力促进中心,推动生产力促进中心的技术服务工作。

(二)完善公共技术服务平台,促进科技中介组织在区域创新体系中的运行

公共技术服务平台的不完善,制约了科技中介组织在区域创新体系中的运行。因此,要重视建立和完善公共技术服务平台,逐步建立包括公共实验室、中试车间、大型通用仪器和通用测试平台在内的技术创新平台。同时,科技中介组织通过与周边相关的科研单位、大专院校建立制度化的技术支持网络系统;建立科技数据库网络,有针对性的开发一系列的科技数据库,比如知识产权、专利数据库、行业政策法规数据库等。促进区域创新主体之间信息资源的共享,不仅区域内的各创新主体之间要建立信息共享平台,还要建立与国内或国外其他科技中介组织的网络连接,为创新主体获取各类信息资源提供网络便捷服务,不仅是区域内的信息,还有区域外甚至是国外的各种相关信息,实现科技中介组织发展的网络化、信息化。通过数据库网络建设,加强了区域与全国乃至世界的联系,使得区域的科技中介组织获取先进的科技信息,提高科技创新的效率和科技组织的竞争力,提高国际化的影响力,促进区域科技中介组织的国际化发展。

建立和完善科技信息公开网络平台和人才交流平台,促进科技信息资源的共享和普及,加强科技人员的交流,对科技人员的供给与需求信息进行公开,有利于科技人才找到合适的工作,也有利于科技中介组织得到科技服务人才的支持,从而促进科技人才资源的合理配置,实现科技中介组织与科技人才的双赢。在网络建设方面,一是建设技术市场网。以现有的技术市场为基础,通过运用现代科技手段,扩大和发展技术交易市场网,通过该网络平台可以就技术供需、技术协作、产权交易、技术成果、人才资源等信息进行交流;二是建设生产力促进网。大力发展区域、行业、专业生产力促进中心,以此为依托建立面向中小企业的生产力促进网,为科技企业的技术评估、发展策划、关键技术解答以及人才、技术、市场等方面提供服务。三是建设科技信息网。在建设

科技信息网的基础上,要加强与各专业网的互联,使得科技企业的科技创新过程能够得到及时有效的人才资源、资金、信息资源支持。四是建设对外交流服务网。鼓励区域外、境外科技中介服务方面的人才到本科技中介服务机构,吸引区域外、境外科技中介组织进入我国科技中介服务市场,形成国内、国外两个科技中介服务市场,能够形成利用国内国外两种科技资源的对外交流服务网。五是建设实用技术配送网。鼓励科研院所、高校、科技企业设立专业的技术配送中心,开展"订单式服务",科技企业要及时把所需的技术、信息、人才等通过技术配送中心反馈给科研机构或高校,科研机构或高校再通过技术配送中心将科技企业所需的信息发送给企业,这样就会大大降低他们之间合作的时间、资金、人力等成本,大大提高科技创新效率。

(三)完善科技中介组织运作绩效的评价体系

科学的科技中介组织评价考核制度,使政府对科技中介组织的管理有据可依,便于分类管理和政策的落实,使有效的科技资源用于最有效率的地方。通过考核评价使科技中介组织认识到自身的优势与不足,扬长避短,发挥各自的优势,促进科技中介组织的又好又快发展。而且,我们可以通过引导科技中介组织之间进行互补的合作,减少他们之间的恶性竞争,使得科技企业孵化体系合理、有序的发展。

对科技中介组织建设绩效的评估首先是评价指标体系的设立。评价指标体系应从鼓励科技中介组织又好又快发展的目标出发,可以从效益性指标、效率性指标、运营发展指标、科技创新指标等方面考虑。评估以结果导向和过程评价相结合,将社会公益性指标和经济效益指标有机结合,定性与定量相结合。其次,根据重要性程度对各评价指标确定相应的权重,在确定权重的过程中,要集思广益,力争做到合理公正。再次,对科技中介组织绩效评价要建立科学合理的评估模型,根据评价的目的建立相应的评价模型,如模糊评价模型等。最后,建立并不断完善考核评价机制,要形成对科技中介组织的定期评价机制,做好规划调控指标的考核评价。

## 第三节　建立互动发展机制

科技中介组织是处在社会大环境下的组织,在当今经济环境下,只有拥有竞争与合作的观念,才能促进更大范围、更大程度的发展,才能拓宽视野,相互学习,取长补短,才能不断进步。科技中介组织与政府、科研院所、高校、科技企业进行合作,在科研技术的研发和科技成果的转化中起到重要的桥梁和纽带的作用,只有在合作中才能实现自身价值,不断取得进步。

因此,要充分发挥科技中介在区域创新系统中的"黏合剂"作用。科技中介组织要积极与政府、企业、大学以及科研机构等建立沟通机制和协同发展机制,促进科技中介组织在区域创新体系中有效的运行,进而提升区域创新系统的运行效率。

### 一、完善科技中介组织在区域创新体系中运行战略

首先,借鉴国际经验,要坚持科技中介组织适度超前的发展战略,建立国际化发展的网络体系,支持条件成熟的科技中介组织积极参与国际化竞争,成为我国经济跨越式发展的重要增长点。在参与国际化竞争之前,要做好国外同等水平的科技中介组织分析,分析其优势、劣势,并分析国际的宏观环境和行业环境,以使国际竞争更有针对性,避开不利威胁,利用好国际环境中的有利因素,以增大国际竞争的成功率。通过分析找出与国际优秀的科技中介组织的差距,并有针对性地加以改进,使我国科技中介组织的服务水平能够达到世界领先水平。

其次,要加快发展技术交易、科技成果转化、咨询服务等专业化服务的科技中介组织,以提升区域创新系统地运转效率。尤其要根据区域经济发展的需要,根据政府推动与市场导向相结合的原则,大力发展支撑科技企业发展的新型科技中介组织,积极培育支撑战略性新型产业发展的科技中介组织。相关部门要简化科技中介服务组织的审批、登记和注册程序,对科技中介组织的发展给予大力支持,从而激励和发展区域创新系统有效运行所需的科技中介组织。

最后,形成科技中介组织与区域经济的联动发展机制,提升区域创新能力。美国重视科技中介组织与区域经济联动发展。例如,为了同所在州的经济发展目标保持一致,位于马里兰大学校园的先进技术中心只接受有发展潜力的高新技术企业,尤其是前沿的生物技术企业入驻。长江三角洲和珠江三角洲地区的上海和广州等市,结合各地区的产业和技术资源优势,大力发展各

种类型的科技中介组织。因此,各区域的科技中介组织的发展应当根据各区域的教育科研资源,结合区域经济的产业规划方向和重点发展的战略性新兴产业,重点发展各种促进战略性新兴产业发展的科技中介组织,以促进中小高技术企业发展并带动地方经济转型和区域经济创新。最后,在率先发展我国东部区域科技中介组织的同时,鼓励我国中西部科技中介组织,在区域经济非均衡协调发展中发挥科技中介组织的作用。

### 二、建设科技中介组织在区域创新体系中运行文化

培育科技中介文化,建立与区域经济互动发展的区域创新文化,对促进科技中介组织与区域创新主体协同发展具有重要的意义。目前大胆创新、积极进取的企业创新观念还很比较淡薄,宽松、自由、兼收并蓄、鼓励个性发展和创造的文化氛围的区域创新文化还在完善过程中,一些科技创新型企业的创新意识比较薄弱,因此要积极努力营造区域创新文化。

欧美经验是培育科技中介文化,大力培育市场供给和需求,硅谷高科技发展的基础是重视中介组织文化的建设。在硅谷尊重有智慧和创造力的人,在宽松的人际网络中,富含有信任、并鼓励创业、永不言败,促进了科技中介组织与区域经济的联动发展。因此,应努力加强科技中介组织与区域经济的联动发展的精神文化、制度文化以及物质文化建设,以形成三者的完善的统一。借鉴美国硅谷等经验,结合自身实际,在科技中介组织与区域经济的联动发展中倡导勇于创新、勇于进取、不怕失败、敢为人先的精神文化,营造宽松、自由、兼收并蓄、鼓励个性发展和创造的文化氛围。同时,系统宣扬创新文化,有关媒体和部门要重视宣传科技中介组织的重要作用,进一步提升对建设科技中介组织重要性的认识。应通过系统化的宣传,提高社会各界对科技中介组织的认识水平以及对科技中介组织建设及发展科技产业重要意义的认识,营造一个有利于科技中介组织发展的良好的社会环境。形成鼓励创新创造、诚信合作、宽容失败和国际交流的氛围,充分利用文化的示范、导向作用,在潜移默化中有效地调整科技人员的价值导向和行为理念,促进科技中介组织与区域经济的联动发展。

### 三、构建科技中介与区域创新主体协同创新网络

为了促进不同信息资源的高效整合与对接,美国和欧洲等国家和地区积极推进科技中介服务的网络化,在这些国家和地区,区域性网络和国际化网络等广泛应用到科技中介组织。如美国联邦实验室技术转让联合体1974年便成立了全国性技术转让网络组织。20世纪80年代初的美国,成立了隶属于美国商务部中心企业管理局的专门为中小科技企业提供全方位服务的中小企业发展中心,发展到现在,已经形成全国性的具有一定规模的网络服务中心,这在很大程度上促进了美国科技成果的转化和经济的持续增长。

因此,一方面加快建立公共科技信息服务网络,加强区域内各个创新主体信息交流与合作,提高协调发展能力。要建立科技中介组织同政府、研究机构、大学及企业等区域创新主体协同发展的网络体系,科技中介组织与大学、科研机构及企业之间建立广泛协作网络,加强技术和知识产权、资产评估及风险投资等中介之间的相互协同集成。加快建立全国性的公共科技信息服务网络,甚至可以和国际互联网接轨,及时了解并发布全国甚至世界各地的科技信息也将潍坊本土的相关信息对外公布,从而使区域创新系统各个创新主体及时了解掌握外界科技创新信息,也让本地区域科技创新走出去,促进本区域的科技创新协同发展。同时要加快建立行业内的公共科技信息服务网络,构筑共同的信息平台,为区域创新系统提供及时准确的信息,降低合作的信息成本。另外,要加快建立中小企业科技信息服务网络体系。

另一方面,要重视建立科技中介组织联盟,完善区域内或跨区域为基础的科技中介组织的联合,使科技中介组织形成一个有机的网络组织,实现科技中介组织之间资源共享,统一品牌宣传。可积极推广长三角两省一市区域性的科技中介组织运行网络和服务联盟经验,建立科技中介战略联盟来吸纳区域内各级科技中介参与,完善跨市区域为基础的科技中介组织,使科技中介组织形成一个有机的网络组织,增强辐射能力,实现科技中介组织之间资源共享,统一品牌宣传,实现科技中介之间以及科技中介与区域创新主体之间的联盟化发展。为了促进科技中介组织联盟化发展,一方面,应建立联盟科技中介组织协调机制。建议每月由科技中介组织负责人参加协调工作联席会议。会议的主要内容是通报各个科技中介组织的工作情况,协调解决存在问题。联席会议要形成制度,要有严格的请假措施。另一方面,搭建共同信息平台与科技

服务平台。科技中介组织联盟化发展的基础就是都能够充分发挥出各自的区位和资源优势,共享各类资源,形成协同发展的关系,而这是以信息的充分沟通为基础。为此,应建立科技搭建共同信息平台与科技服务平台,建立以开放与共享为核心的科学数据和信息资源共享的管理机制,构筑共同的信息平台,为科技中介组织提供及时准确的信息。

建立区域内以及不同区域间科技中介组织和区域创新主体的联盟,实现区域间的资源共享,提高科技成果转化率,促进区域经济发展的一种有效途径。要借助网络平台,实现科技资源的共享与交流,政府在建立网络化平台中要起到主导性的作用,在建立科技中介组织和区域创新主体联盟的过程中,政府要积极倡导鼓励,要让科技中介组织和其他创新主体充分认识到联盟的重要性,合作共赢的重要性。对联盟中分享其优秀信息资源或技术的科技中介组织要给予一定的奖励,否则就不会调动各个科技中介组织主动分享资源的积极性,对于联盟中共享的信息资源以及技术成果要采取保密措施,只能联盟中的成员共享,以免造成关键技术、资源泄露,使得联盟外的科技中介组织得以模仿,影响该联盟中科技中介组织的竞争力。为了促进区域内以及不同区域间科技中介组织和区域创新主体的联盟,需要政府从中协调,制定相关政策鼓励。在服务中心建设方面可以从以下三方面来进行:

一是建设公共性科技服务中心。重点是以现有的科技研究可行性分析中心、项目评估中心为基础,发展和完善一批从事技术、科技成果检测、项目评估、成果转化评测等公共性科技服务中心。二是建设创业服务中心。扶持高校、科研院所、科技企业建立科技企业孵化器,为培植高水平的高科技企业,推进高科技技术成果国际化,为更多的科技创新企业的建立提供专业化、全面的服务。三是建设科技产权服务中心。鼓励建立从事专利、科技律师事务、技术交易咨询、会计律师事务等服务的科技中介机构,在成果交易、产权转让的过程中提供法律保护服务。

### 四、鼓励科技中介参与构建产业技术创新战略联盟

科技中介组织积极与政府的沟通,参与管理创新,完善技术市场体系。大学和科研机构应积极向科技中介提供技术信息、可转让的科技成果,企业要向科技中介积极提供需求信息。科技中介向大学及科研机构要积极进行技术传

播、转让及扩散,向企业提供孵化服务、信息咨询、技术创新服务、推动科技成果转化服务以及降低企业技术创新成本。

要根据不同产业的性质,制定科技中介组织参与构建产业技术创新战略联盟的激励政策,鼓励科技中介积极参与构建产业技术创新战略联盟,与大学、科研机构及企业建立"产学研及科技中介"联合体。借鉴上海市提高区域创新绩效的政策经验,不断拓展产、学、研合作范围,创新和探索产、学、研合作新模式、进行持续创新和积极探索产、学、研合作新模式。主要在以下模式方面进行创新:技术转让、委托研究、共建科研基地以及联合培养人才等。

高校和科研机构是区域创新生产力产生的地方,为区域创新系统提供源源不断的创新技术和创新型人才。而企业是技术创新的主体,是实现创新技术成果转化的载体。因此,我们要充分发挥科技中介组织的桥梁和纽带作用,将大学、科研院所与企业紧密联合起来,创建区域创新平台,促进区域创新活动的开展。一方面,科技中介组织要密切联系区域内的大学、科研机构和企业组织,共享区域内的创新资源。例如,鼓励企业和科技中介组织为科研院校的学生提供科研基地和实习基地,拓展学生的动手操作能力和实践应用能力。那么,高校和科研机构的教授和专家们也可以为企业提供一些技术上的咨询和指导,促进企业管理技术和专业技术的进一步完善。大学的科技成果可以通过科技中介在企业中得到转化和实现,科技中介及企业也得到大学充足的技术支持和人力资源支持。科技中介能为大学提供科研基地和实习基地,还可以帮助大学解决对应科技的实践教学。大学、科研机构能够为企业提供大量的人力资源,一些闲置的高科技设备可以提供和给企业,也可以为企业提供技术上的咨询和指导。另一方面,科技中介组织要协调区域内的企业和科研院校共同创造产、学、研合作平台。例如,共同创立研发中心、人才培育基地、大学科技园区等,使得科研院校科技创新活动更具目的性和针对性,同时也能促进高新技术和科技成果在区域创新系统内的流动和沟通。只有高校及科研院所、科技中介组织、科技企业、政府各个主体要各司其职,高校及科研院所做好科技研发,科技中介组织做好科技服务、科技企业做好科技成果的产业化,政府做好引导的角色。在做好本职工作的同时,这几个创新主体还要密切合作,因为科技活动研究的过程以及科技成果向生产力转化的过程都依赖于这几个创新主体的协同合作,只有合作好了,才能使创新活动顺利进行,使科技成果顺利向生产力转化。

### 五、设计科技中介组织在创新体系中运行组织

在科技中介组织与区域创新主体协同发展的过程,实质是组织之间为了某种目的互相交流的过程,科技中介组织作为区域经济发展的纽带,为区域中各种资源的流动渠道的建立起到了重要作用。针对科技中介组织进行分析,研究科技中介组织的组织设计问题,需要对其生存的一般环境和任务环境进行分析,根据外在环境进行调整,要么改变自己适应环境,要么影响环境,使环境朝有利于组织的方向发展,要么选择新环境。通过这一决策,开拓组织的新局面,改善组织的内部要素,全面促进组织的发展。

对于科技中介组织而言,对其外部环境可以进行以下具体分析。首先分析科技中介组织的一般环境。经济力量方面,是指其所在的区域创新系统经济的总体状况;全球力量,是全球经济的一体化;技术力量,是科技的迅猛发展;社会文化力量,是指社会的人口因素,以及人们的生活习惯、社会准则和社会的主流价值观;政治和法律力量,是指国家和地区的政策及法律法规,以及政治活动对于科技中介组织的影响。另外,科技中介组织的任务环境是指直接关系到组织经营的因素,它们对于组织的绩效产生积极或消极的影响。由于不同的科技中介组织的任务环境有显著差异,下面以技术交易所为例进行分析。大学和科研机构以及持有技术专利的企业向技术交易所提供技术,成为技术的供应商;顾客是指从组织购买产品或服务的个人或组织,技术的需求者就是技术交易所的顾客,在区域创新系统中主要是中小型的不具备研发能力的企业;不同的技术产权交易所之间互相竞争,互为竞争者;相关的技术监督机构等政府部门以及社会组织也对技术交易所的发展有直接影响。

在对外部环境进行分析的基础上,还要分析科技中介组织的内部环境。运用SWOT分析法,与同行业中做得比较好的企业相比较,分析自身的优势和劣势在哪里,相对于外部环境自身发展的机会和威胁又是什么,只有充分把这些问题认识清楚,才能继续发挥优势,弥补劣势,利用机会,规避风险,使得企业更好、更健康的发展。在必要时,还可以运用标杆研究,将行业中最优秀的企业作为目标,分析自身的差距,并制定追赶的策略,只有这样,科技中介组织才能不断发展进步。

　　伴随着科技的迅速进步以及经济全球化的浪潮席卷全球,区域创新系统作为以促进创新活动为目的系统,面对着大量的技术信息和知识情报,对于环境的冲击力必然更加强大。从科技中介组织生存环境变化程度而言,在新旧技术不断交替的环境中,是一种动态化的环境,环境的变化程度还是比较大的,不可预测的因素较多。从科技中介组织外部环境的复杂程度来说,技术交易所的供应商和顾客都难以稳定,主要取决于技术,而不在供应商和顾客本身,技术所涉及的可能是各行各业,因此技术交易所的外部环境不确定性因素较多,比较复杂。鉴于科技中介组织面对复杂的动态环境,它必须通过合理的组织设计与外部环境相融洽。在组织结构方面,大体可分为直线式、直线职能式、矩阵式、事业部制等,每一种组织都有着其特点和适应的环境。因此,科技中介组织要根据动态的环境慎重选择组织结构,合适的组织结构能够大大提高做事效率。例如:技术交易所的目标是通过协助技术供应商与技术需求商实现技术交易而获得利益。技术交易所的部门可以简单的分为技术供应商的接待部和技术需求商的接待部以及技术交易部。技术供应商的接待部负责接洽大学和科研机构等研发部门,寻找符合要求的技术,并与其签署合作协议,协调合作的内容;技术需求商接待部的主要工作是推广技术,为技术寻找合适的需求单位;技术交易部门组织技术的供应商与技术的需求商进行协商,并为双方提供可行的方案,最终促使双方达成合作意向,依照法律程序签订合作协议。在技术交易所的起步阶段,最好采用便于管理的直线职能式,明确各部门的权利和责任,由统一领导进行管理。

　　科技中介组织也可以采用事业部制,每一块业务是一个事业部门或分公司,每一个事业部门或分公司配备合适的科研队伍和管理队伍,每一个事业部门或分公司负责各自的业务。每一个事业部门或分公司可以发挥自身灵活性与主动性,增强创新活力。但是弊端就是各个事业部或分公司与集团公司机构重叠,人员增多,管理成本上升等。对于一些需要跨部门完成的任务,科技中介组织可以采用矩阵式的组织结构,临时调配合适的科研人员组成一个团队,对该项目进行研究,等到该项目研究成功后,科研人员就回到各自的项目团队中。这种组织结构比较灵活,能够有效地、积极地应对外界环境的突然变化,但是也可能造成由于临时性而人心不稳的弊端。

　　今后组织变革的方向是打破传统的金字塔形的组织结构,组织结构向网络化组织和有机组织转化,因此,为了促进科技中介组织在区域创新体系中有效的运行,科技中介组织应该向网络化和有机组织的方向变革。

## 第四节　建立知识分享机制

### 一、科技中介组织与区域创新主体的隐性知识分享体系

隐性知识是相对于能够用语言、图表、公式表示出来的显性知识来说的,隐性知识不能够清晰地表达出来,比如个人的经验、工艺技艺特长等很难用语言进行表述。隐性知识能够确保拥有该知识的企业长期保持在该知识领域的竞争力,不被别人模仿。但是另一方面,为了促进科技中介组织整体水平的提高,政府应积极鼓励科技中介组织将部分隐性知识显性化,在隐性知识显性化的过程中,首先是通过隐喻、假设、倾听和深度谈话等方式将隐性知识转化为容易理解和接受的形式,人们将自己的经验、知识转化为语言可以描述的内容,就是从感性知识提升为理性知识,将经验转变为概念的过程。知识显性化的目的在于知识的共享。接受这一过程的科技组织要进一步将所转化的显性知识进行组合,形成自己能够理解接受的知识体系,这就是将显性知识再一次内部化的阶段,即形成自己的隐性知识,隐性知识是科技组织保持竞争力的关键所在。因此,最后显性知识隐性化的过程对科技组织来说非常重要。另外,还要建立信任机制,通过内部思考与外部交流获得。除此之外,往往还需要经过反复的亲身实践和体验,从而实现知识的共享。

在科技中介组织在区域创新体系运行中,科技中介组织与政府、企业、大学及科研结构等区域创新主体之间有知识的流动,在前面章节对科技中介组织与企业之间的知识分享过程进行了博弈分析,并针对政府实施以分享支持资金为代表的物质激励的措施之下,对知识分享水平的影响进行了研究,另外经过分析相应的博弈矩阵,在达成长期合作时,科技中介组织与企业之间也会实现知识共享。为了使知识的流动和共享现状获得改善,可以从以下几个方面进行努力。

### 二、建立信誉机制,调动知识分享积极性

根据上面的博弈分析,科技中介组织与区域创新主体进行合作时,分别对

于合作的所做判断的准确率直接影响着合作的水平,对合作做正确判断的概率越大,采取的合作水平就会更加符合实际情况,然而对于这种判断的正确率有着明显影响的就是合作双方直接或间接获取的经验。组织的信誉也成为考量的主要对象,自古"民无信则不立",信誉是科技中介组织以及企业等区域创新主体可持续发展的基础。信誉机制源于长期合作,在长期合作中,参与知识分享的博弈主体着眼于长久利益,不会为眼前的利益所诱惑,增加相互之间的信任,由于信誉机制的存在,使促成合作的积极性得到提高,参与知识分享博弈的主体对交流合作的评价会更加可靠,通过提高知识分享水平实现成功合作的意愿更为强烈。

对于科技中介组织,尤其是一些不进行实际的研发培训工作的纯粹的中介组织,这类组织主要的求生方式主要是通过合作关系的形成,信誉机制的建立就会更加重要。

政府在知识分享的过程中,尽管不直接参与博弈过程。但是为企业、大学及科研机构提供所需知识服务发挥着重要的作用。政府在信誉机制建立方面,应该是典范,根据前面的分析,主要的表现在于政府及时的实现承诺,向在知识分享过程中积极行动的个人和组织给予物质激励和精神激励。

对企业而言,信誉机制的建立需要有明确的产权制度作为基础,深化产权制度的改革,使企业所有权可以自由转让,并且建立相应的激励机制,使企业从员工到管理层都有维护企业信誉的动力,从而使有助于推动企业不断创新,迅速发展的知识扩散和交流工作得以贯彻实施。科技中介组织、大学和科研机构在知识分享中的信誉机制的建立同样需要长远利益的激励,从而促成长期的合作互动。

对于大学和科研机构而言,参与知识分享的过程主要通过输送人才和直接给予技术信息支持两种方式实现。出于实现自身价值的目的,需要与科技中介组织和其他需要人才和科技支持的单位进行合作,按照合同规定积极有效地完成各项工作是其最基本的信誉体现。

### 三、发挥合作效力,实现协同发展

合作的目的是促发展,知识分享的目的是促进创新,实现知识的增值。合作效力的发挥就是要以上两点作为标准,实现有机整合,突破发展中不能单独解决的壁垒,具体工作可以从以下几点展开。

　　首先,建立知识共享平台是双方进行知识分享的基础,是整合各种信息、实现合作双方信息对接的桥梁。知识分享平台的建立可以根据不同的分享对象进行划分为向社会大众完全公开的和向指定对象公开的,例如网络平台中的局域网就是在特定区域内开放的知识分享平台。在政府和行业协会的带动下,可以建立的各种网络平台和实体平台。政府应该积极倡导建立信息网络公开平台,并对科技信息做到及时更新。要想信息网络平台切实发挥作用,要做好网络平台的宣传,让相关组织和人员切实感受到网络平台在信息共享与交流方面起到的重要作用,可以借鉴发达国家在信息网络平台建设中的经验,不断完善我国的信息资源共享平台。其次,缩小合作双方的组织文化差异。组织文化的差异直接影响到组织成员的价值观和责任感,产生合作中不同组织成员的行为的差异,缩小组织双方的文化差异,有助于不同组织实现抱团发展,提高知识分享的效率,发挥合作的强大效力。组织文化的建立是一个长期的过程,并且一旦形成就具有很强的稳定性。可以提出一个双方组织文化的折中文化,以便双方都能够比较容易地接受。最后,建立组织之间的沟通机制。有效地沟通是顺利合作的前提,提高组织的沟通能力,可能在合作中创造更大利益。

### 四、形成制度保障,稳定分享环境

　　制度的形成,是为了实现有法可依,有法必依,执法必严,违法必究,因此必须制定一系列的制度,从维护权益到监督权益的维护状况,以及相关执法人员的贯彻实施状况。制度涵盖着规章和法律等许多成文的并获得相关人员和单位认可的规定,在合作的进行中,以及通过各种平台分享知识的过程中,都需要注意合法权益的保护。一是政府要完善知识分享的法律法规,坚持在知识分享过程中的信息对外保密原则,使科技中介组织和企业等区域创新主体愿意充分分享自己的信息。二是要对知识分享过程进行监管,并制定奖罚分明的具体监管制度,对于在知识分享过程中出现的侵权分享行为进行严厉打击,维护知识产权市场的秩序。三是针对为促进创新而进行的知识交流活动制定明确的流程制度。制度中规定知识分享过程的参与标准;分享技术知识所提供的材料;在知识分享的过程中,各方需要承担的法律责任等内容。四是对员工的培训,如何建立员工对组织的责任感,以及对知识的交流分享的正确认识等内容都可以在组织内部的相关章程中得到体现。总之,制度具有其独特的效力,制定明确的规定,推进程序化进程,节约了时间提高了效率,便于使各项工作步入正规发展的轨道,对于创建稳定的知识分享环境非常有利。

知识的分享是一项长期而艰巨的任务,其过程的规范也是需要进行长期的努力,以上建议中的任何一项都不可能一蹴而就,都需要经过成长和进步,政策和建议形成的本身就需要经历一个过程,就可以成为一种章程,以上所提到的意见并没有经过实践的证明或进行深入的研究,因而只是仅供参考的指导性建议。

## 第五节　加强人才体系建设

为了促进科技中介组织在区域创新体系中有效的运行,科技中介组织人才体系建设非常的重要。国外科技中介组织非常重视人才的培育,如英国技术集团和美国研究技术公司,其专业人员大都具有理、工、商、法律等两种或两种以上的专长。人才队伍建设,主要是加强培训,提高整体素质,重点培养一批科技中介服务业务带头人;还有就是在与国内外其他科技中介组织、科研院所、高校合作的过程中择优引进急需的人才。同时,通过对评估、法律、咨询等服务人员的资格认定、考核,激励从业人员勤奋学习,不断更新知识,除了掌握知识外,还有在从业人员中开展讲道德,讲诚信教育,努力提高科技中介服务队伍的素质。因此,要建立和完善科技中介组织人力资源战略规划机制以及招聘、培训、考核、薪酬及中长期激励体系,重视科技中介机构的科技领军人物的选拔和培育,建立面向市场的科技中介人才业绩的多元化评价体系。

### 一、培养和引进有机结合

美国硅谷、中国台湾新竹等科技中介组织的发展以及科技中介组织在区域创新体系中的有效运行不仅取决于物力资源,更重要的是取决于人力资本的存量。因此为了促进我国科技中介组织发展以及在区域创新体系中的运行,必须加强人才的引进和培育。为科技中介组织提供人才,一方面,科技中介组织可以与大学及科研机构互动合作,定制化培养科技中介组织的专业人才和各种科技中介组织管理类型的人才。科技中介组织可以与大学及科研机构可以联合成立相关人才培养的学校专门培养科技中介组织专门技术和管理人才。科技中介组织可以有选择地与国内外大学、科研机构及相关培训学校合作,联合举办各种培训班培养科技中介组织专门技术和管理人才。并且支持科技中介组织为大学和职业院校建立大学生实践基地。

另一方面,科技中介组织通过采取合理的激励机制和优惠政策向国内外大力引进相关人才,吸引相关人才从事科技中介工作。为了有效引进科技中介组织所需要人才,需要对科技中介组织进行人力资源规划,以满足科技中介组织在区域创新体系中有效运行的需要。对科技中介组织所需要的人才进行分析,需要哪些层次、哪些方面、哪些水平的人员,分别需要的人数是多少,只有把这些问题分析好了,才能有针对性地吸引人才。同时还要分析国内、国外相应的科技人才的供给情况,制定人才吸引的激励与优惠政策,吸引需要的科技人才来促进区域创新系统的有效运行。

首先,要重视从国外直接引进人才。根据国际经验,发达国家通过制定系列激励政策直接引进相关人才。因此,应该借鉴国际相关经验,科技中介组织可直接引进一批高素质的国外科技中介人才,对于我国科技中介组织的发展具有重要的意义。其次,聘请国外科技中介组织的相关专家来指导工作。根据我国科技中介的发展的需要,根据相关协议,可以有选择的聘请国外科技中介专家来指导我国科技中介组织工作以及培训科技中介组织人才。具体来说可以从以下两方面来着手:

一是要积极营造能够培养、吸引人才的宽松自由的环境,重视对现有组织内的服务人员的培养和培训,这样可以在一定程度上降低从外面聘请相关科技人员的成本,也会减少对组织外的科技服务人员的依赖,以免行业环境恶化,比如相关人员紧缺,增加人才供给的风险,使组织遭受威胁;当科技中介组织内的相关人员不能满足科技中介组织业务对相关科技服务人才需求的时候,也要吸收部分高等院校、科研机构或留学归国等人才资源,吸引优秀的专业人才进入各类科技中介服务组织,通过建立健全薪酬福利和中长期激励机制,充分调动科技人才的积极性、创造性;要加强对科技中介组织人员的职业道德教育和业务知识、能力培训,努力培养一支职业道德高尚、业务技能熟练的高素质科技中介服务人才队伍,提高科技中介组织的服务质量和水平。

　　二是鼓励国内的科技中介服务组织与国内外其他的科技中介服务组织加强交流与合作。要支持科技中介服务组织扩大国内外科技合作与交流,借鉴国内外优秀的科技中介服务组织的服务经验,使我国科技中介组织的服务水平逐步达到国内先进水平并与国际接轨;要鼓励国内信誉好、服务能力高的科技中介组织实施"走出去"战略,扩大视野,不断提升服务能力。

### 二、建立科技中介组织人才的激励体系

　　要完善科技中介组织相关人才的全过程人力资源管理体系。要从科技中介组织人才的人力资源规划、招聘、培训、考核、薪酬、中长期激励以及职业生涯规划等完善的人力资源工作,并真正贯彻落实这些制度政策,并制定好相应的奖惩标准及措施。要做好科技中介机构人才发展的人力资源规划,做好未来科技中介组织人才的需求和供给分析,制定出切实的人才资源规划体系,为未来的科技中介组织的人才政策提供基础。要根据行为考核方法、KPI考核法(关键绩效考核方法)、目标考核方法以及平衡计分卡等考核方法,并结合国内外科技中介组织的考核的实践经验,立足科技中介组织自身企业文化建设和自身发展的需要,建立有利于科技中介人才成长的多元化考核评价体系。建立以岗位和绩效工资有机结合的薪酬制度,薪酬制度要面向市场化改革,建立起真正有竞争力的科技中介组织薪酬体系。建立面向市场导向的科技中介关键人才中长期激励机制,科技中介组织关键人才中长期激励机制是把科技中介组织人才的短期利益和长期利益有机结合,把科技中介组织的持续成长和科技中介组织关键人才的发展和收益有机结合。在科技中介组织人才的中长期激励机制制定上要积极探索股权激励、利润分享机制(一次核算、分年共享)。在职业生涯规划,组织要帮助组织内的人员做好各自的职业发展规划,使具有自主创新能力的科技中介人才优先得到培养和重用。让每个人都有一个明确的目标,促进每一个人更好的发展,实现人生的价值,让每个员工切实感受到自己是组织的一部分,组织的发展与自身的发展息息相关,才能促进组织人员与组织共进退,减少跳槽,从而降低招聘人员的资金成本、时间成本、人力成本。

### 三、提升科技中介组织人才管理水平

为了有效提升科技中介组织人才管理和服务水平,一方面要建立科技中介组织人才公共服务体系。建立现代化的科技中介组织人才信息数据网络中心,定期向社会公布区域内科技中介组织人才需求、供给、咨询等业务,实现人才信息互通、资源共享。

另一方面要加强有利于培育科技中介组织人才创新的公共设施建设。首先,要建设一批区域性的图书馆以及公共实验室等为科技中介组织人才服务的知识公共设施。其次,为了促进区域创新系统的效率,在政府的资助和指导下,要有效整合区域内的知识信息资源,实现资源的共享,便于知识的有效传播。如,可以整合区域内大学及科研机构的实验室、图书馆等资源向科技中介组织人才开放,以实现资源共享,促进知识的共享。最后,要重视建设科技中介组织人才市场,并且重视编制发布科技中介组织人才指数,及时有效的预测科技中介组织人力资源的需求和供给,促进科技中介组织人才就业,实现科技中介组织人力资源的有效整合。

### 四、培育科技中介组织科技领军人才

在当前技术创新和知识积累迅速增长的前提下,以团队为基础的人力资本对科技中介组织创新能力的提升具有的重要的作用。因此,科技中介组织应培育一批以创新团队为纽带的人力资本团队。科技中介组织以创新团队为纽带的人力资本团队首先应该有核心带头作用的领军人才,科技中介组织的领军人才应该具备企业家、科学家和团队领导者三重角色,是企业获取竞争优势的关键性人力资本,在科技成果的产生、商业化的创新过程中发挥着举足轻重的效用。首先,科技中介组织的领军人才因该具备企业家的才能,作为一名企业家,首先要持续关注组织内外环境的变化以获取对组织有用的信息,根据获取的有用的信息可以分析出组织所面临的机会与威胁,要把握所发现的机会,及时进行投资,开展科研项目,避开潜在的威胁,企业家是科技信息的传递并协助将科技成果转化为商品的重要的组织者与实践者。其次,科技中介组织的领军人才应该具有科学家的角色,科技中介组织的领军人才要带领团队参与科技创新的全过程,因此应该具备敏锐的科技视角和洞察力,要有科学家的思维和科技意识,要具有一定的科技服务知识与能力,不具备一定的科技知

识与能力,就不能很好地处理在科技服务过程中出现的问题,因此,科技中介组织的领军人才具备科技服务知识与能力是非常必要的。最后,科技中介组织的领军人才要带领着相关团队参与到科技中介组织的服务全过程,是与团队人员一起完成科技中介服务的领导者,只有一名带领团队的领导者,该团队才能有一个明确的方向,才能增强团队凝聚力,再出现问题或分歧时,才能融合不同的意见,进而将不同的意见进行整合,最后拿定主意,从而解决问题,消除分歧。作为一名团队中的领导者,要制定明确的目标,要将团队的目标与组织整体的目标相一致,要善于与团队人员进行沟通,信任团队人员,要想创造一支优秀的团队,可以从以下两个方面来进行:一是要在一定程度上进行授权,要达到让团队中的成员自觉为团队做贡献的目的;二是要营造积极的团队文化,特征表现为:鼓励创新,容忍一定程度的创新失败;团队成员能够有共同的价值观和目标并自愿为团队的工作而努力奋斗;团队成员能够坦诚地就不同意见进行公开交流,能够在一种相互信任的氛围中通过公开讨论的方式处理冲突;要提高团队成员的内聚力。因此科技中介组织的领军人才具有团队领导者的角色是非常重要的。

作为创新团队的重要成员,科技创新领军人物带领团队参与科技创新的全过程,对促进创新活动具有的作用。为了选拔和培育科技中介组织的科技领军人物和科技创新团队,应重视建设完善的评价体系,以科学地评估科技领军人物和科技创新团队,以便科学地选拔出优秀科技人才。科技人员的评价体系的建立应尽量量化,科技成果的考核以注重结果为主,因为科技创新人员的创新活动属于脑力劳动,形式比较灵活,所以在考核的时候应看重结果。在评价的基础上,建立人才储备库,随时关注能够成为科技创新领军人物的人才,并注重对其加强培训,不断挖掘能够担当得起科技创新领军人物的人才,从而不断扩大科技创新团队,使组织的创新活力不断增加,创新能力不断增强。另外,建立有市场竞争力的科技中介组织的科技领军人物和科技创新团队的薪酬福利体系,尤其重视中长期激励体系建设。要积极探索科技领军人物和科技创新团队的股权激励机制和利润分享机制,鼓励他们以科研成果入股等。

# 第六节　加强科技园区建设

## 一、科技园区是科技中介组织的聚集区

科技园区作为高新技术培育和成长的聚集区,使具有创新能力和竞争实力的高新技术企业快速成长壮大。科技园区是科技中介组织和政府、科技企业、大学以及科研机构相互动态作用的区域创新示范区,在政府的政策调节下,科技中介组织和政府、科技企业、大学以及科研机构构成的科技园区创新系统有效运转,发挥整体效应,产生凝聚效应以及极化辐射作用。

科技中介组织在促进科技园区的发展上发挥着重要的作用。通过国际成功经验来看,科技园区的发展都依赖于科技企业孵化器等科技中介组织的发展,依赖于科技园区内科技中介组织所提供服务体系的完善程度。如,美国硅谷,它的成功也促进了世界各国相继建立各技术园区,促进了世界上很多发展好的科技园区发展,如剑桥科技园区、印度"硅谷"之称的班加罗尔、日本筑波大学科技园区等。国际上成功科技园区取得成功的一个重要的原因是具有完备的科技企业孵化器、生产力促进中心、工程技术研究中心、科技咨询、技术市场、技术产权交易市场、人才市场、评估中心、知识产权事务中心等科技中介组织。科技中介组织为科技园区的发展提供了完善的服务。

科技企业孵化器等科技中介组织与科技园区往往是互动发展的,科技园区为科技企业孵化器等科技中介组织发展提供了良好的硬件环境和软件环境,而科技企业孵化器等科技中介组织是科技园区的重要组成部分。科技企业孵化器是通过提供一系列新创企业发展所需的管理支持和资源网络,促进科技成果转化、推动自主创新的,帮助和促进新创企业成长和发展的一种科技中介组织。科技企业孵化器作为培育科技型中小企业、科技中介组织,培育了大量的创新型科技中小企业。因此,为了促进科技园区的又好又快发展,一方面应该根据科技园区的规模和特色,重视科技企业孵化器建设,重点建设一定面积,并且软硬件过硬,孵化能力强的科技企业孵化器,这是影响科技园区成功的一个关键因素。另一方面应重视发展完善工程技术研究中心、生产力促进中心、技术产权交易市场、人才市场等、科技咨询机构、知识产权事务中心、律师以及会计师事务所等科技中介服务体系,完整的科技中级服务体系是促

进科技园区发展的关键。

## 二、重视科技园区建设,促进区域创新体系有效运行

科技园区作为科技企业集群区域,是区域创新的典型示范区,科技园区在区域创新体系中能充分发挥极化作用和辐射作用,能有效带动和促进区域经济的发展。2001 年我国提出了以自主创新为核心的"二次创业"的科技园区发展战略,培育了一大批具有完全知识产权、技术起点高的优势产业,并且通过科技园区建设带动了区域经济的发展。

为了促进科技中介组织在科技园区创新体系中的有效运行,应该建立知识管理和知识共享平台,创建学习型组织,优化科技园区内企业的自主创新环境,促进知识在科技中介组织和政府、科技企业、大学以及科研机构内的交流共享。同时进一步完善和细化促进科技中介组织在科技园区创新体系中的有效运行财政扶持政策体系,加强技术交流与应用平台建设,运用财政政策促进技术正向外溢和知识共享等,促进知识在科技中介组织和政府、科技企业、大学以及科研机构间的有效传播。另外应重视建立多元化、市场化的科技园区投融资机制。

美国科技园区重视与区域经济互动发展。如,为同所在州区域经济发展动态协同,马里兰大学校园的先进技术中心只接受有发展潜力的高新技术企业。因此科技园区应密切结合地方经济发展,促进区域经济发展,培养区域技术创新能力与持续竞争优势。目前,我国很多城市都建有科技园区,但是有些科技园区特色部明显。因此,不同区域应该根据自身经济状况,结合区域资源优势,创建特色的辐射力强的高科技园区,优先支持科技园区先进技术引进、消化、吸收和创新,促进科技园区间的技术合作与交流。

# 第八章 山东半岛蓝色经济区青岛市和潍坊市案例研究

2009年4月,胡锦涛总书记在山东省考察时指出:"要大力发展海洋经济,科学开发海洋资源,培育海洋优势产业,打造山东半岛蓝色经济区。"这给正处于重要发展时期的山东指明了方向。在山东省委九届七次全会上,山东省委相关领导提出要加快规划建设山东半岛蓝色经济区,落实胡锦涛总书记提出的建设山东半岛蓝色经济区的战略部署。2010年山东半岛蓝色经济区建设上升为国家战略,这为充分做大做强海洋经济,加快形成全国新的经济增长极,提供了重大历史机遇。目前继长三角洲和珠三角洲区域经济发展后,以海洋经济为标志的沿海开发开放环渤海湾区域成为我国经济新的增长极。山东省是我国的经济强省,是中国海岸线最长的省份,山东省有着丰富的海洋科技力量,海洋科技人才多。"山东半岛蓝色经济区"明晰了山东半岛经济发展战略。

青岛、济南、烟台、东营、潍坊、日照、威海、滨州、泰安、莱芜、淄博、临沂、德州、聊城、济宁、菏泽、枣庄17地市,青岛、潍坊、烟台、东营、日照、威海、滨州沿海城市为山东蓝色经济区的核心区域,并且青岛和潍坊是一体化合作城市。因此,以青岛和潍坊为例分析科技中介组织在区域创新体系中的运行。

## 第一节 青岛科技中介组织在区域创新体系中的运行

### 一、青岛市概况

青岛市面积11282平方公里,位于黄海之滨,在山东半岛南端,位于山东半岛东南部,青岛的东面和南面紧靠黄海,东北面与烟台市相邻,西南面靠近日照市,西面与潍坊市连接。如图8—1所示,青岛市包括市南、市北、四方、崂山、黄岛、城阳和李沧七区和即墨市、胶州市、胶南市、平度市、莱西市五市(县级)。

2010 年青岛市常住人口为 871.51 万人(市南、市北、四方和李沧市内四区)总人口为 207.79 万人,其他(崂山、黄岛、城阳、即墨市,胶州市、胶南市、平度市、莱西市三区五市(县级)663.72 万人(第六次全国人口普查)。在半岛城市群和蓝色经济区中占据重要地位。

青岛市是计划单列市,是我国 14 个沿海城市之一,副省级城市以及山东省经济中心城市,青岛市的 GDP 和利用外资等指标均列全省第一。青岛市拥有海尔、海信、青啤、澳柯玛、双星等名牌企业,被誉为"中国品牌之都"。青岛市与上海、天津市、广州市和大连并称为中国五大外贸口岸,是华北南部、西北地区和华东北部进出口的主要集散地,并且是欧亚大陆与太平洋国家联系关键纽带。2011 年 1 月,国务院批准山东半岛蓝色经济区规划,青岛作为其核心区域和龙头城市。

**二、青岛科技中介组织在区域创新体系中运行现状**

改革开放以来,随着青岛经济的发展和社会的进步,青岛市科技中介组织发展迅速,目前青岛市科技中介组织的形式以及科技中介组织结构等不断优化,科技中介组织的服务行为不断规范,科技中介组织的功能比较完善。近些年来,青岛市科技中介组织极大地促进了青岛区域经济的发展,在完善有市场经济体系方面起到了非常重要的作用,科技中介组织体系在促进青岛经济社会发展中发挥的作用越来越大。目前青岛市科技中介组织在区域创新体系中运行的特点如下:

(一)科技中介组织发展迅速,在区域创新体系中的作用越来越重要

青岛科技中介组织的发展不仅在速度上进一步提高,而且发展结构也在不断完善,特别是青岛市科技创新类型的中介组织所占比重不断增大。如目前青岛市各类孵化器 15 个,其中包括 2 个国家级科技企业孵化器,4 个市级科技企业孵化器,近千个企业正在接受孵化,这极大地促进了青岛市的经济发展。青岛市科技企业孵化器主要聚集在高科技工业园,高校、科研院所、企业是其发展的基础,创业中心是其发展的支撑,科技企业逐渐向市场规律推动下的产业化方向发展。各种行业协会等科技中介组织在维持市场经济的良好运转和社会稳定方面起到的作用越来越重要。提供科技咨询的中介服务组织在

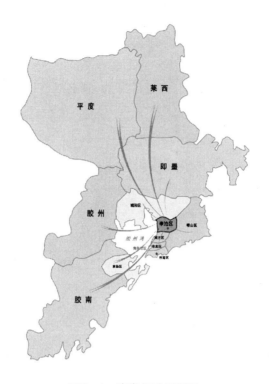

**图8—1　青岛行政区划图**

提高经济效益和优化资源配置方面起到越来越重要的作用。青岛市提供信息研究及咨询、投资项目评估、报价咨询的信息咨询服务中介组织有1000多家。科技人才市场等科技服务类中介组织按照"管办分离、政事分开"的原则,在机构、人员、业务和管理上实现了政府人才中心与人才市场的分离。另外,人才市场还制定了许多制度措施,在人员管理的方式方面实现了改革,促进了人才服务体系的资源共享、互利共赢,人才配置方式也实现了"有形市场、网上市场、数字电视、报纸市场、人才猎头、代招待聘、外出招聘和校园招聘"八种形式相结合。人才市场还实施了一系列的政策措施,比如通过与企业签订合作协议,提高其服务效率;创建了不同高校的远程教育培训项目,从而使青岛市的科技人才获得了更多接受教育的机会;创建了青岛市人才交流协会,使不同行业专业人才的交流更加便捷。这些措施的落实在很大程度上促进了青岛市人才市场的发展和完善。

　　(二)促进"产、学、研"相结合,促进了产业技术创新战略联盟的建设

　　科技中介组织与大学、科研机构以及企业共建的各种创新合作平台逐步完善,合作和深度和广度逐步提升。青岛驻青高校把服务地方经济,与地方经济互动发展作为了重要的战略任务之一。如,青岛高新区与7所驻青高校正式签署全面战略合作协议,高新区与驻青高校将在8个方面展开深度合作,包括产学研互动平台、技术孵化、成果转化、高新技术产业化、资源共享、大学生创业、人才培养、合作交流等方面,力争通过3—5年的时间,建设高品质的产学研基地。青岛的海尔集团、青岛建设集团等大型企业分别与驻青高校在人才培养和成果转化等方面建立了系列的合作平台。青岛喜盈门公司是一家以生产纺织品为主的公司,该企业与高校共同研发绿色纤维的合作协议。青岛市生产力促进中心对市科技局8个下属单位进行机构重组,到2009年该中心被评定为国家级生产力促进中心示范单位。

　　青岛市在城乡统筹发展方面建立起了农村科技服务平台,不断完善青岛市区域创新服务平台。这个服务平台是以农民教育培训、科技成果转化、科技进村入户和科技服务网络建设为重点的,目的是通过科技进步达到农民增收、农业增产和基本实现农业现代化,有效地促进了青岛市区域经济的全面、协调和可持续发展。

　　为了推动科技中介组织在区域创新体系中有效运行,由政府、企业、科研机构等共同出资设立了产、学、研联合基金,为科研活动提供充足的资金支持。如市科技局、市财政局分别与海尔集团、海信集团等企业共同设立了市自然科学联合基金,有效地促进了科技创新活动。设立联合基金一方面能够引导科技费用的使用方向,从而减少资金的浪费,提高资金的利用效率,另一方面也可以利用社会科技资源进行基础方面的研究,提高企业自主创新能力,促进"产、学、研"相结合,从而提升区域创新系统的运行效率。

　　(三)完善的政策体系推动科技中介组织在区域创新体系中有效运行

　　相关政策措施鼓励高校和科研院所进行科学技术研究,同时还为科技含量高地项目提供充足的资金和优良的科研条件,这有效的促进了科技中介组织在区域创新体系中有效运行。另外,相关的政策措施积极促进企业与科研院所、高校的交流与合作,从而使科研院所和高效的科学技术研究有明确的目标,加强了科学技术转化为现实生产力的能力。

### 三、青岛市科技中介组织在区域创新体系中运行存在问题

（一）科技中介组织的数量不能满足经济发展的需要

虽然青岛市目前的科技中介组织发展情况良好，青岛市的科技中介组织种类较多，但是没有形成自己独特的特色。青岛市的科技中介组织涉及范围很广，几乎涉及了中介服务的各个行业。但是，有些科技中介组织没有形成自己独特的特色，也缺少行业领军的科技中介组织，这不仅阻碍了自身的发展，而且对青岛市的区域创新系统的有效运转也会产生阻碍作用。另外，科技中介组织自主创新能力不是很强，没有形成自己的核心技术和专利，缺乏在面对新情况时进行创新的能力。

尽管青岛市科技中介与区域创新主体协同发展机制逐步完善，但是青岛市科技中介无论从数量、规模和服务体系上，不能满足青岛经济社会发展的需要。科技中介机构占服务业比重低，组织体系小而散。如，在科技中介组织发展上，青岛市科技中介组织数量不足，规模偏小，与青岛经济发展的要求不相适应。青岛共有各类孵化器15个左右，其中国家级2家，市级4家，下属市区的科技中介组织发展更是接近空白，这与青岛经济的发展不相协调，与大连、苏州、南京及西安等城市相比有差距。见表8—1。青岛科技企业孵化器与大连、苏州、南京及西安科技企业孵化器的运营发展比较

表8—1　青岛科技企业孵化器与大连、苏州、南京及
西安科技企业孵化器的运营发展比较

| 城市 | 发展现状 | 企业孵化器数量 | 优势 | 不足 |
|---|---|---|---|---|
| 青岛 | 共有各类孵化器15个。其中国家级2家，市级4家，在孵企业近千家 | 15 | ①地理位置优势；②单位面积产出高，效率高；③修造船工业、海洋产业有相当实力及研发优势 | ①企业孵化器管理机制需要完善；②技术领域布局不够合理、人才不足；③风险投资发展缓慢；④孵化器规模有待发展 |
| 大连 | 共有科技企业孵化器30家，孵化总面积93.57万平方米，在孵企业1332家，从业人员54491人，已经累计孵化企业2221家、毕业企业663家 | 30 | ①"官助民办"、"二次孵化"等独具特色的成功实践；②二次孵化基地的创建；③良好的专业化服务团队和完善的孵化功能；④水产、软件行业的研发优势 | ①科技企业孵化器之间的合作与交流不足；②专业化、国际化人才及管理人员不足 |

| 城市 | 发展现状 | 企业孵化器数量 | 优势 | 不足 |
|---|---|---|---|---|
| 苏州 | | 25 | ①体制和机制上的深化改革;②服务设施齐备,服务功能强;③良好的人文环境基础 | ①企业孵化器权力有限,限制其发展;②规模效益不高;③产品技术含量不高 |
| 南京 | 孵化器总数已达 29 家,其中国家级孵化器 10 家、省级孵化器 11 家 | 29 | ①孵化器体系和机制健全和完善;②良好的经济基础;③充足的科研力量;④雄厚的经济基础支持 | ①部分孵化器服务功能不到位;②企业孵化器与资本市场的衔接不足 |
| 西安 | | 18 | ①企业孵化器起步早,基础好;②拓展企业的海外融资渠道,充分利用外资;③核武器等军工企业的先进技术;④众多高校、科研机构带来的技术和人才支撑 | ①高科技行业技术力量和人才储备不足;②周围地区企业孵化器工作落后,无法实现集聚效应 |

另外,管理类型的中介组织能够对行业机构的行为能起到有效地规范作用,从而提高整个行业的服务效率。但就目前的情况来看,注册的科技行业中介协会数量很少,在海洋经济以及新材料等某些高新领域甚至还没有成立行业协会。

(二)科技中介组织与其他创新主体还不能有效构建产业技术创新战略联盟

一方面,科技中介与大学及科研机构及企业各种合作平台还需要进一步完善。有些高校的科研成果因为缺乏有效的科技中介协调不能转化。有些大型国有企业和民营企业大量的技术需求和管理需求又因为缺乏高效的合作平台不能得到满足。科技中介组织与区域创新主体之间的联系不够密切,科技成果转化成实际生产力的水平较低。只有促进区域创新主体之间的进一步的有效互动合作,持续提升科研成果有效转化为实际的生产能力,才能有效提升区域的创新能力。

另一个方面,青岛区域内以及和其他区域间的科技中介组织之间缺乏联盟式的协同发展。目前,科技中介组织之间缺乏联盟式的协同发展。市内各区、各系统科技中介组织之间缺乏有效的沟通与协作,科技中介组织除了存在服务趋同而缺乏特色。例如,国家级创业服务中心的辐射带动作用发挥不够。现有的孵化器机构不能互补式得发展,目前是缺乏统一信息网络平台,缺乏信息、人力资源等的共享,缺乏统一的品牌宣传。作为国家级科技企业孵化器辐射带动作用不强,没有带动起周边市区县科技企业孵化器的发展。如高新技术创业服务中心的服务与作用范围还主要限于一定的范围内,没有发挥出应有的对全市孵化器事业的辐射带动效应。

(三)社会认知程度低,高层次人才比较缺乏

从招商和融资过程看,社会上对科技中介组织的概念还不是十分清楚,对科技中介组织的概念、功能及作用了解不多,对科技中介组织促进区域创新体系有效运行的认识不足,这就导致了对科技中介组织有效需求的认识不足,进而影响了科技中介组织在区域创新体系中的有效运行。

另外,科技中介组织的高层次人才、专业化人才缺乏,这在一定程度上影响了科技中介组织的发展,影响了科技中介组织的服务质量。由于高层次人才、专业化人才缺乏,支持新兴产业发展的特色的新兴科技中介发展缓慢,影响了科技中介组织在区域创新体系中的有效运行。

(四)科技中介组织在区域创新体系中运行的政策及投融资机制不完善

科技中介组织在区域创新体系中运行政策机制不够完备。近几年,尽管颁布了促进科技中介组织发展的刺激性政策,但是怎样落实这些政策做的还不到位。例如,在引进外资方面决定加大科技中介发展项目的引进,但是从实际情况来看,同发达城市相比,还有一定的差距。

科技中介组织投融资体制还没有建立起完善的多元化市场化的投融资体制。因为受到以前计划经济体制的影响,部分科技中介组织还没有完全实现市场化,限制条件较多、门槛较高,加上社会对科技中介组织认识不足,导致社会资本进入的不多。目前,科技中介组织在区域创新体系中运行的投资主体没有形成政府、企业、社会及银行等的多元化投融资主体。

(五)区域创新体系运行的示范区——科技园区建设需要加强

目前科技区域创新体系运行的示范区——科技园区正出于新一轮的发展中,科技园区还没有形成特色,不能形成高新技术产业的集群化发展,在国内外没有一定的影响力,积聚和辐射作用不明显。另外,由于科技园区内科技企

业孵化器等科技中介组织在服务等方面不是很完备,这在一定程度上影响了科技园区的发展。

### 四、青岛科技中介组织在区域创新体系中运行对策

目前青岛市科技中介组织与区域创新主体之间的共同发展有良好的趋势。借鉴了国内外的区域创新体系建设的经验,对青岛市提高科技中介组织在区域创新体系中的运行提出的建议如下:

(一)发挥政府导向作用,完善政策体系来推动科技中介组织在区域创新体系中的运行

政府要正确发挥自己的作用,促使科技中介组织在区域创新体系中的良好运行,推进创新主体积极开展创新活动。因此,首先要加强对科技中介组织的宏观调控力度,根据不同科技组织的性质界定其功能,并对其进行正确的引导和考核。但是政府的宏观调控力度不能过大,过大就限制了科技中介组织自由发展的空间。正确发挥政府的宏观调控作用能够促使科技中介组织向着更加企业化、市场化和规范化的方向发展。同时要不断完善制度体系,优化外部环境,为区域创新系统有效运转提供源源不断的发展动力。政府对科技开发运用的科学干预,不仅表现在财政上的支持,更重要的是要制定有利于科学技术发展的制度体系,使科研活动与产业化活动更好地衔接。为了充分发挥政策的保障与激励作用,政府在制定政策之前必须要明确自己的定位和所扮演的角色,制定好的制度,监督好企业的行为,为区域创新主体创造更加完善的硬环境和软环境。

其次,要发挥政策引导作用,用政策来引导区域科技中介组织的行业分布向更加合理的方向发展。要根据青岛科技中介组织的实际情况制定对科技中介组织的认定标准和管理办法,并在一定程度上提供资金,促进青岛市科技中介组织的良好发展。

再次,要完善信息网络建设、基础设施建设等方面的基础服务,为青岛市科技中介组织在区域创新体系中的有效运行提供优良的环境。青岛在基础设施建设方面比较完善,但是在信息及通信网络等方面还满足不了区域经济发展的需要,这就阻碍了区域创新活动的开展,影响了科技中介组织在区域创新体系中的良好运行。因此,应重视技术手段和信息手段的作用,应重视建设科

技中介组织在区域创新体系中运行的信息共享平台和网络平台,推进科技中介组织信息化体系建设,促进科技中介组织主体间的信息资源共享和优势互补,提高科技中介组织主体的信息化、网络化水平。在信息通信方面,要促使高校、科研院所和企业不断完善各自内部的信息通信系统,比如利用电话会议系统、视频会议系统等网络通信手段提高组织内部的沟通效率。

最后,根据国际经验,区域创新文化对于提升区域创新能力具有重要并且深远的影响,区域创新文化能有效推动科技中介组织在区域创新体系中的有效运行。因此,为了推动科技中介组织在区域创新体系中的有效运行,要结合区域特点,重视区域创新文化的建设,建立支持创新和重视创新的区域精神文化,明晰区域创新的使命、区域创新的远景以及区域创新的价值观。要建立保障区域创新系统有效运转的制度文化和促进科技中介组织在区域创新体系中的有效运行的精神文化。

(二)科技中介组织要积极参与构建产业技术创新战略联盟

政府应鼓励企业、高校与科技中介组织密切合作,延伸和拓宽科技中介组织的服务范围,积极促进科技中介组织参与构建产业技术创新战略联盟,促使科技中介组织在区域创新体系中的有效运行,加快科技产业技术创新战略联盟中科技成果转化率。为此,要积极构建"官、产、学、研、资、介"六位一体的合作平台,积极探索"官、产、学、研、资、介"六位一体的合作范围和合作形式,促进科技中介组织与政府、企业、大学及科研院所的协同发展和产业技术创新战略联盟。可以借鉴国内外在提高区域创新系统运行效率方面的经验,积极拓宽"官、产、学、研、资、介"合作范围,并积极探索"官、产、学、研、资、介"合作新模式。大学和科研院所是进行科学技术研究的地方,能够为区域创新系统提供较高水平的创新人才和较为先进的创新技术,企业是将科学技术转化为实际生产力的主体。因此,只有将大学、科研院所与企业密切联合起来,即是将"官、产、学、研、资、介"密切结合起来,充分发挥科技中介组织的桥梁作用,促使科技中介组织在区域创新体系中的有效运行,才能促进青岛区域创新系统更好的发展。

为了促进科技中介组织参与构建产业技术创新战略联盟,一方面科技中介组织要与区域内的大学、科研院所和企业加强合作,实现创新资源共享。例如,企业和科技中介组织可以为科研院校的学生提供科研和实习基地,提高学生的操作和应用能力,可以将科研院校的科技成果转化为现实生产力,另外还可以帮助大学解决相关学科的实践教学任务;高校和科研机构的专家也可以为企业提供技术上以及管理上的指导,促使企业管理技术和专业技术进一步提高,高校和科研机构还可以向企业提供管理人才和专业科技人才,一些暂时不用的高科技设备也可以提供给企业等。另一方面,科技中介组织要与区域内的企业和科研院校共同设立"官、产、学、研、资、介"相结合的合作平台。例如,创立研发中心、人才培养基地、大学科技园区等,能够使得高校、科研院所的科技创新活动更具有方向性,也能够促进区域创新系统内的主体共享科技成果。

积极促进科技中介组织参与构建产业技术创新战略联盟,是实现区域资源共享,促进科技中介组织在区域创新体系中有效运行的关键。因此,科技中介组织要密切联系大学、科研院所以及高新企业,建立共享平台,进行互动发展,促进知识的共享。同时要应根据不同的研究项目类别和特点,建立不同的科研项目联盟,从而加快高新技术向现实生产力转化的效率。另外,不同的区域要根据区域的不同产业优势,要重视培育具有特色的产业技术创新战略联盟品牌。品牌的产业技术创新战略联盟能有效促进区域经济的发展。

(三)重视科技中介组织行业协会建设,促进特色科技中介组织发展

成立科技中介组织行业协会,促进科技中介组织的交流与合作,规范科技中介组织运作,进而提升科技中介组织服务效率。科技中介组织行业协会能够制定一些行业规范,约束和规范行业内的各个科技中介组织,从而完善竞争者的行为,规范市场秩序。

合理布局科技中介组织的行业分布,形成特色的有一定影响力的科技中介组织。要积极鼓励新型科技中介组织的发展,尤其是知识密集型的中介组织,从而优化青岛市科技中介组织行业分布,促进青岛市科技中介组织的均衡发展。

积极促进知识产权代理和知识管理类的科技中介组织发展。青岛市知识产权代理、知识管理等类型的科技中介组织数量较少,不能满足区域创新系统有效运行的需要。对此,可以设立知识产权专项资金,专门向知识产权代理、知识管理等这一类型的科技中介组织提供资金支持,并积极鼓励知识产权、知识管理类的中介服务组织发展。并且重视完善知识产权中介服务组织的制

度,规范行业行为,加强监督和管理,以使其为区域创新系统的创新活动提供更规范、更专业的服务。另外,要培育科技中介组织的知识产权意识,强化各个科技中介组织对知识产权重要性的认识。建立和优化青岛市知识产权信息共享服务平台,通过这一平台及时更新区域内知识产权信息,这样就可以使区域内的创新主体及时了解行业内知识产权信息,从而使创新组织的创新活动有了明确的方向。

科技中介组织的行业分布需要进一步优化。虽然有些科技中介组织发展形成了规模化、特色化。但是整个科技中介组织与我国发达地区相比还是有很大的差距,特别像管理咨询类、咨询评估类这样的专业性强、人员素质要求很高的中介服务组织发展很慢,还没有自己的发展特色、模式和品牌,还不能够满足区域创新体系发展的要求。因此应该打造有青岛特色的科技中介组织。科技中介组织在其发展过程中要明确自己的市场定位和目标群体,形成自己的特色,实行品牌化发展,从而在激烈的市场竞争中占有一席之地。同时要优化科技中介组织行业的组织机构,形成大、中、小比例结构优化合理的行业组织机构,积极培育在国内外有一定影响力的行业龙头型科技中介组织,让有一定影响力的科技中介组织积极参与国际竞争。

(四)完善科技中介组织的管理体制和管理机制,推动科技中介组织在区域创新体系中的运行

在管理体制上,要积极探索科技中介组织的管理体制改革。积极鼓励民营企业参与构建科技企业孵化器等科技中介组织。由政府主导的但已具备市场运作条件的科技中介组织,在遵守市场经济规则的前提下,积极推进股份制改造,建立多元化投资主体的科技中介股份公司。

在管理机制上,科技中介组织要重视和明细自身的发展战略。科技中介组织在明晰自身战略目标的基础上,要结合企业的实际,根据自身特点,结合头脑风暴法制定出科技中介组织自身的精神文化(使命、远景和价值观),然后进行宣传教育和物质文化建设。物质文化建设的主要目的是宣传精神文化体系和理念。在运营流程体系完善上,首先要明确科技中介组织内部的决策计划流程,优化科技中介组织的组织结构模式。其次,要完善科技中介组织的领导和激励模式。科技中介组织内部的各级管理者应有效掌握领导和激励的理论和方法,要根据环境的特点和下属(员工)的特点灵活选择运用领导方式

和激励模式。

（五）要拓宽金融市场的融资渠道,建立多元化的融资模式,为科技中介组织在区域创新体系中的有效运行提供资金支持

拓宽科技中介组织的融资渠道,建立多元化和市场的科技中介组织投融资机制,以促进科技中介组织在区域创新体系中的有效运行。要进一步完善银行信贷等融资渠道,完善科技中介组织与金融机构的互动沟通机制,为科技中介组织获得资金提供有效地支撑。金融机构的相关人员可为科技中介组织制定合适的融资计划,以便科技中介组织能更好地利用资金。银行信贷机构在提供资金之前要做好项目的选择、论证以及评价工作,以提高科技中介组织资金使用效率。

有效使用风险投资基金,加强风投公司在科技中介组织融资中的作用。在科技中介组织的投融资渠道中,风投所占的比重较小,因此应该提高风险投资的比重,以有效缓解科技中介组织资金不足的问题。这方面可以借鉴深圳市政府所采取的方法,定期举办风险投资会议,增进科技中介组织和风险投资公司的交流与合作,可以为科技中介组织及企业的研发活动筹集资金,从而增强科技中介组织及企业进行自主创新活动的动力;政府可以鼓励风投机构直接建立科技中介组织,使其资金直接进入科技中介组织。例如,设立科技风险投资基金,把一部分的风投基金用于科技中介组织的高新技术企业,制定风投的奖励措施和补偿措施等。

正确使用各项资助基金,提高资金的利用效率。各级政府的专项资金要有效使用;要充分调动社会资金参与到科技中介组织建设的积极性,合理控制社会资本进入的风险,降低商业性资本进入科技中介组织的不确定性,以充分有效地建立多元化的融资渠道。要加强各种类型的组织机构对科技中介组织投入资金的管理,比如对非营利性组织、营利性的私营企业、社会团体、科研院所、高等院校、经济开发团体、各类地区性开发计划、发展基金等对科技中介组织投入资金的管理。

（六）加强青岛科技中介组织人才体系建设

科技中介组织从业人员的专业能力和管理水平有待进一步提升。因此,为了提高区域创新能力,促进区域创新系统的有效运转,要大力引进高科技人才,建立适合区域经济发展的人才配置格局,为青岛市区域创新活动提供高水

平的人才支持。加强人才建设可以从以下三方面来着手:首先,要大力引进创新型人才,加强专业人才队伍建设。科技中介组织需要创新人才为区域创新活动提供服务。人才是区域创新系统获得可持续发展的关键因素,同时也是制约科技中介组织健康发展的关键因素。因此要加大引进创新型人才力度,加强专业人才队伍建设。其次,建立和完善专业人才队伍。科技中介组织应明确需要哪一类型的创新人才和管理人才,或者委托高校订单式地进行培养,或者与高校合作建立相关培训基地,专门培养自身所需的创新人才和管理人才。最后,创建人才服务平台,加强人才资源互动,实现科研院所、高校与企业、政府、科技中介组织的人才互动。人才服务平台能有效促进人才交流、集中与合理化配置,方便了区域创新系统内人才供需信息的交流,有利于区域创新主体了解区域内人才供给情况,从而节约招聘人才的时间成本和机会成本。最后,要建立完善的科技中介组织相关人才的全过程培育体系。要建立有效的科技中介组织人才的人力资源规划机制、科技中介组织人才的招聘体系、科技中介组织人才的培训机制、科技中介组织人才的绩效管理体系、科技中介组织人才的薪酬福利机制、科技中介组织人才的中长期激励机制以及职业生涯规划机制等完善的人力资源工作。

(七)重视科技中介组织的聚集区——科技园区建设

科技园区是科技中介组织的聚集区,科技中介组织的发展完善及服务质量能有效促进科技园区的发展。根据国际区域创新体系运行的示范区——科技园区建设的经验,要加强区域创新体系运行的示范区——科技园区的建设,就要完善科技企业孵化器等科技中介组织,这是促进科技园区建设的关键要素。

2007 年,青岛市做出了规划建设青岛高新技术产业开发区的战略决策,进一步调整青岛高新区管理体制,将崂山高科技工业园、黄岛新技术产业开发试验区、市北胶州湾新产业基地、市北科技街、市南软件园和城阳新材料工业园地纳入青岛高新区管理和指导范围,实行"四统一"管理,形成了"一区多园"的管理模式。而科技中介组织的服务体系的不完备,是制约科技园区进一步发展的主要影响因素之一。因此,要加强科技企业孵化器的软服务建设,重视生产力中心、工程技术中心、技术评估、技术转移、知识产权代理等科技中介组织的发展及服务能力的提升,使科技中介组织在区域创新体系中充分参与科技成果研发全过程,促进科技成果的研发,有效促进科技成果的转化和商业化,有效培育和孵化创新型中小企业,促进区域创新系统的有效运转。

其次,要重视培育"低碳交易中心"等科技中介组织,通过新型的科技中介组织来推动新型科技产业的发展。同时重视发展有国际竞争力高新技术产业并能进行集群化发展,并充分发挥其积聚和辐射作用。最后要进一步完善园区内管理体制和管理机制,用完善的制度体系推动科技园区的可持续发展。

## 第二节　潍坊科技中介组织在区域创新体系中运行

### 一、潍坊市概况

潍坊市南靠沂山,北邻渤海,东连海港名城青岛、烟台,西面靠近淄博、东营,南紧靠临沂和日照。潍坊市面积 15829 平方千米,常住人口 908.62 万人(2010 年)。潍坊市辖奎文、坊子、潍城、寒亭 4 个区,滨海经济开发区,高新技术开发区、综合保税区和峡山生态经济发展区 4 个开发区,临朐和昌乐 2 个县,代管青州、寿光、安丘、诸城、高密、昌邑 6 个县级市。

2008 年潍坊市 GDP 达到 2491.8 亿元,经济增长 13.2%,在青岛、烟台、济南之后,在山东省排名第四位,其中第一产业增加 281.7 亿元,增长 5.7%;第二产业增加 1455.0 亿元,增长 12.6%,其中工业增加 1339.4 亿元,增长 12.8%;第三产业增加 755.1 亿元,增长 16.8%。潍坊市发展迅速的经济能够拉动其对科技研究的关注,能够为科技研发提供经济方面的支持。2008 年,潍坊市高新技术产业产值为 1526.95 亿元,同比增长 26.71%,在青岛、烟台、淄博之后,在山东省排名第四位。其中占规模以上的工业产值比重为 28.09%,比年初提高 2.8%,规模以上项目高新技术产业固定资产投资 133.55 亿元,占规模以上项目工业固定资产投资比重为 58.7%。科技成果数量和质量也都有很大的提升。而且达到国内、国际先进水平的科技成果也有很多,2008 年专利申请近 5000 件,其中发明专利申请 600 多件,专利授权 2500 多件,其中发明专利授权 140 多件。

### 二、潍坊市科技中介组织在区域创新体系中运行现状

(一)科技中介组织的服务体系不断趋于完善

目前,潍坊市科技中介组织类型很多,有 6 家省级生产力促进中心(其中

2 家国家级示范中心),280 家工程技术研究中心(其中国家级 1 家,省级 62 家,市级 217 家),12 家农业技术研究中心;15 家各类科技企业孵化器,孵化面积达 27 万平方米,有 200 多家企业正在接受孵化;520 多家各类管理、技术咨询公司;56 家各类技术成果推广与研究中心;还有很多农业技术情报中心等,农业技术研究、推广、服务类型的科技中介组织发展迅速;还有各类风险投资公司、信用担保公司,缓解了在科技创新及科技成果转化过程中的资金问题。另外,随着科技中介体系的不断完善,行业服务行为不断规范,科技中介组织在提供科技服务工程中向着专业化、规范化的方向发展。潍坊市科技中介组织依托于经济的迅速发展,科技中介组织不仅在数量上增加,种类也在增加。例如:科技企业孵化器、技术创新服务、技术咨询、科技交易等;省级生产力促进中心 6 个,6 个省级生产力促进中心,有 2 个属于国家级示范中心;工程技术研究中心 280 个;280 家工程技术研究中心,其中国家级一个,省级 62 个,其余属于市级;12 家农业工程技术研究中心,15 家各种类型的孵化机构,正在接受孵化的企业达两百多家,520 多家各种类型的科技、注册咨询公司,56 家技术成果推广与研究中心;另外还有许多农业科技情报所、农村技术推广站、科技投资风险中心、信用担保机构等都为科技研发活动提供了中介服务。从以上的数据可以看出,潍坊市科技中介组织的服务机构和功能发展不断趋于完善。

随着市场经济的不断完善,潍坊市科技中介组织的运行模式正在发生变化:由政府主导逐步向在政府的引导下,遵循市场经济体制的要求,依靠自己的专业技能和相关知识,同时加强与各种创新主体的合作,逐步向市场化方向转变。科技中介组织为科技创新活动提供了优良的科技服务。目前政治体制改革不断完善,政府角色定位日益准确,社会环境、经济环境日益优化,相关的法律体系不断完善。目前科技中介组织在处理业务方面日益规范,科技中介组织不断完善相关的制度体系,并且不断提高在业务和服务方面的能力,更加注重诚信服务,提供高质量的服务,运行机制和方式也不断规范,通过这些来塑造完善的社会形象,在社会上形成了一个良好的口碑。另外,各类行业协会也通过制定一些行业规范来约束行业内科技中介组织的行为,使科技中介组织进而整个行业的行为不断趋于规范化。

(二)农业科技中介组织发展迅速

潍坊是农业畜牧大市,因此农业科技中介组织发展迅速。科技中介组织致力于用科技来振兴农业。科技中介组织与其他区域创新积极合作,共同建立了农业资源信息共享平台,大力推广农业科技,并做好优质品种的培育和推广工作,提升潍坊市农业的科技水平。另外,在区域创新体系运行中,农业科技中介组织积极发挥桥梁和纽带作用,农业科技企业和科研机构及大学有效动态合作,在有机蔬菜、海水养殖、农产品深加工、生物农业、生物能源、食品安全、农业信息化等方面有创新性发展。另外,农业科技示范园区成绩显著。农业科技示范园区是农业科技中介组织的聚集区。在农业科技示范园区内,农业科技中介组织的聚集发展和专业化的服务,促进了农业科技示范园区的又好又快发展,进而促进了农业畜牧经济的发展。

(三)科技中介组织在区域创新体系中运行的政策体系持续完善

近些年来,在相关政策的支持下,科技中介组织在区域创新体系中运行的政策体系不断完善,区域创新系统的相关主体——科技中介服务组织、高校、科研院所、政府以及企业之间的交流与合作的范围和广度持续扩大,建立了一百多个产学研联合基地,有效促进了区域创新系统的高效运转。具体的政策措施如下:

科技中介组织在区域创新体系中运行的组织机制上,积极完善组织协调机制,颁布了联席会议制度,从组织上保障和促进了科技中介组织与创新主体的协调发展与合作,促进了智力、科研资源、信息等在产业技术创新战略联盟的共享,有力地促进了科研科研活动和科技成果的转化。另外政府还建立了监督机制,对高新技术发展和区域创新主体合作进行了有效的督导,有效促进了区域创新体系的运行。

为了促进科技中介组织在区域创新体系中有效运行,鼓励建立以企业为主的技术创新战略联盟,颁布了许多优惠政策,如《自主创新产品认定管理办法(试行)》、《重点实验室管理办法》、《关于鼓励支持高新技术产业加快发展的若干政策规定》等。颁布了自主创新产品优先认定政策,加人力度宣传科技制度,扶持了潍坊市深化经济体制改革重点项目,完善了创新服务体系,为科研活动提供了政策制度方面的保障。

加强多元化的投融资体系建设,积极建立科技中介组织在区域创新体系中运行的多元化和市场化的投融资机制。引导创新主体对各项资金充分利用,在选择研究项目上要慎重,在技术论证环节要做好把关,并加强对企业项目的监督检查。积极引导科研企业在技术、产品方面加大投入,争取超过国家规定的比例。积极引导金融资本对科技含量较高的科研项目给予信贷帮助;相关部门积极鼓励科技中小型的企业上市,从而扩大其融资的渠道与能力,扩大其规模。

建立了系列产业技术创新战略联盟,促进了科技中介组织在区域创新体系中的有效运行。完善创新人才机制,加大产、学、研的结合力度。积极利用高新技术招商洽谈会、海峡两岸人才与科技成果交流洽谈会等时机,加大了对于高层次科技人才的引进。并且加大了青岛市与潍坊市在科学研究方面的交流与合作,在相关政策的推动下,近些年来青岛市和潍坊市建立一些产学研战略联盟。根据突出重点、整合资源和创新体系的原则要求,创立了区域创新主体联盟,加强了区域创新主体的和谐发展,促进了科技中介组织、科研院所、高校、政府之间的交流与互动,促进创新主体之间相互借鉴,利益共享,风险共担;在蓝色经济战略的推动下,充分发挥科技中介组织的桥梁作用,加快建立了海洋产业技术创新联盟;在科技中介组织的黏合下,以寿光蔬菜集团作为龙头企业,依托于农科院所,建立了上下游企业共同参与、高科技人才汇集的寿光蔬菜产业技术创新联盟。

科技中介组织在区域创新体系中有效运行,推动了高新技术产业发展。建立研发平台,公共研发平台和企业研发中心,鼓励企业进行自主创新和致力于高端产业的研究,提高了自主创新能力,促进了区域创新主体的交流与合作。在北部沿海,创建了包括海洋医药等的多个科研平台;在高新区,创建了包括发动机传动、半导体照明等的多个专业研发平台;另外,还建立了沃华医药等4家省级重点实验室;歌尔声学建立了国家级工程技术研究中心,潍柴动力建立了国家级企业重点实验室。同时,加强研发机构、高校、高新区与科技企业、科技中介组织的交流与合作。科技创业服务中心、生产力促进中心、创业咨询公司等为高校、科研院所的科研活动提供科技服务,实现了它们之间信息资源的贡献,加快了创新成果的转化效率。

### 三、潍坊市科技中介组织在区域创新体系中运行存在的问题

(一)科技中介组织体系服务体系不健全

区域创新体系中科技中介组织与其他区域创新主体不能共享信息资源,知识不能在区域创新体系中有效传播和共享。根据调查分析,尽管目前科技中介组织发展较快,但是一些企业认为科技中介组织的提供专业化服务的能力较低,对于企业的技术创新所需的全面要求不能满足。从目前的情况来看,一些科技中介组织还没有形成完善的服务体系,所提供的科技中介服务体系不完善。大部分的科技中介组织规模比较小、内部的治理结构和管理体系发展不完善,提供的专业化服务比较单一等。同时,由于缺乏资金,企业需求和科研方向部分脱节,导致科技成果转化率比较低,高校和科研院所大量的科研技术成果不能及时转化,使得科研成果不能与企业结合,不能实现其产业化。造成这些问题的原因有:科技中介组织与高校、科研院所、信息情报所的交流与合作比较少,因此就不能借助于高校、科研院所比较丰富的人才资源和信息资源优势;科技中介组织体系中的创新主体之间的联系也比较少,比如会计师事务所、律师事务所、信息咨询机构、资产评估机构之间的交流与合作也很少;科技信息共享服务方面做的不到位,缺乏相应的信息交流与共享平台,这就限制的了科技中介组织提供全面的科技中介服务的能力。

(二)科技中介组织在区域创新体系中的运行机制不完善

伴随着计划经济向市场经济的逐步转变,我国科技中介组织从无到有,逐渐发展起来的,大部分科技中介组织的运行模式都是政府为主导。受计划经济的影响,部分科技中介组织对自身的社会地位、经济地位、组织机构、运行模式等不是非常的明确,没有在市场经济条件下企业所应该具有的市场意识、竞争意识和主动提供服务的意识,这就造成了科技中介组织只能是依靠政府来给自己提供项目,科技中介组织对自身的发展目标、远景、管理理念、运行模式以及适合自身的服务项目都没有一个明确的规划,科技中介服务组织的发展空间受到很大的限制,进而影响了科技中介组织在区域创新体系中的有效运行。

科技企业将科技成果转化为商品的效率比较低,大学和科研院所有一些科研成果,但是科技成果转化为现实的生产力的效率不是很高。尽管举办了各种科学技术交流会、科技成果发布会等,但是最终被企业利用并转化为现实生产力的科技成果不是很多。一方面是因为科技中介组织在区域创新体系中的运行机制不完善,科技中介组织的协调效应发挥不够,科技成果的研发与科技企业的需要有些脱节;另一个方面原因是因为企业往往更加注重短期利益,更愿意承担那些时期短、见效快的项目,而对于那些需要长时间研发,更加具有风险的项目不愿承担风险。

(三)科技中介组织发展不平衡,人才队伍体系建设不完善

科技中介组织地区发展是不平衡的,如潍坊市高新技术开发区等经济发展比较快的地区其科技中介组织无论在在数量、规模、管理模式、组织架构还是业务能力上都比其他经济发展较慢地区的科技中介组织发展快。如,潍坊市仅有的2个国家级科技企业孵化器都建立在高新经济技术开发区。另外,科技中介组织的科技服务类型分布不平衡,比如生产力促进中心、科技企业孵化器、工程技术研究中心等类型的科技中介组织发展较快,而像科技投资风险中心、资产评估机构等类型的科技中介组织发展比较缓慢。

潍坊区域经济的快速发展需要系列的科技中介组织,这就催生了大量的科技中介组织的进入,一些运行不规范的科技中介组织也进入了中介服务行业,由于部分不良服务的影响,从而影响了科技中介行业的信誉。因为科技成果转化的风险大,这在一定程度上也影响了科技中介组织的信誉。科技中介组织的中介服务是需要高素质的人来完成的,因此科技中介组织要想提供高质量、专业化的全面的服务,就需要依靠不仅精通专业技术而且又懂管理的综合型人才。而目前大多数从事科技中介服务的人员在知识、能力方面都比较单一,对科技信息就不能进行全面的筛选、分析和评价,从而就不能为科技企业提供专业化、全方位的科技中介服务,进而影响了科技中介组织在区域创新体系中的运行。

(四)科技中介组织与区域创新主体互动发展机制不完善

科技中介组织与区域创新主体——政府、高校、科研院所、科技企业之间有一定的交流与合作,但这些交流与合作仅限于一些比较初步的联系与合作。例如,科研院所、高校有时也会进行一些政府、科技企业所要求的科技研发或新产品研发项目,反过来科技企业会从高校、科研院所聘请一些专业人士来指导其科技研发活动等。

目前科技中介组织与企业、政府、高校、科研院所的合作的层次和水平不是很高。如,技术转让、委托开发和共同开发等,在共同建立研发机构、共同建立"产、学、研"一体化机构等高水平的合作方面还不多。科技中介组织与区

域创新主体的合作范围较窄,科技中介组织与区域创新主的合作模式大体上就是由科技企业提供研发资金,高校和科研院所提供技术和人力,两者合作进行技术创新或新产品开发。多数的企业比较急功近利,仅对那些所需资金少、投资时间短、收益较快的项目感兴趣,而对那些关键的前沿的,需要较长时间才能研发出来的技术不感兴趣。造成潍坊市科技中介组织与区域创新主体的合作范围较窄的原因有两个:一是企业融资比较困难,没有足够的研发资金;二是由于该行业相关的政策制度不完善,相应的配套法律也不完备,使得科技创新企业的收益率较低。

科技中介组织与区域创新主体互动发展的风险投资体系需要进一步完善。科技中介组织同科技企业、高校、科研院所在技术研发合作的过程中,都承担着各种各样的风险,科研活动也需要一定的资金才能完成。目前的税收优惠、技术风险补偿机制等还需要进一步完善。科技中介组织与区域创新主体合作的专项基金需要进一步丰富。虽然已经建立了几个小型的基金,比如科技型中小企业技术创新基金、火炬计划等专项基金,尽管对中小型企业的技术创新和科技成果转化提供了一定的资金支持,但是数量毕竟有限,不能从根本上解决资金不足的问题。

### 四、潍坊市科技中介组织在区域创新体系中运行的对策

在区域经济的发展中,科学技术是第一生产力,只有将科技成果转化为现实的生产力,才能实现经济的又好又快的发展。科技中介组织利用其专业的知识和技能,与区域内的创新主体——高校、科研院所、科技企业实现良好合作,为创新活动提供优良的科技中介服务,提高了科技成果转化的效率,在一定程度上降低了创新活动的风险,从而能够促进建立更多的高科技企业,能够提高区域系统运行的速度和效益,促进产业结构不断优化。

目前,相关部门已经制定了科技中介组织在区域创新体系中运行的系列制度以及优惠政策。今后要发挥政府积极正确的引导作用,为科技中介组织提供良好的软环境与硬环境,加强科技中介组织、科研机构、大学和科技创新企业等部门协同联动。从行业角度来说,要进一步建立和完善科技中介行业协会,进一步规范科技中介组织的行为,逐步建立多元化科技投融资体系。建立和完善科技中介组织的服务网络体系,促进信息资源的共享。产学研结合

向纵深发展,加强青岛和潍坊两地科研技术的合作,促进产、学、研协同发展。具体措施如下:

(一)延伸科技中介组织在区域创新体系中运行中的服务范围

从目前来看,科技中介组织在区域创新体系运行中提供的中介服务类型比较单一,满足不了市场经济的发展对科技中介服务的要求。因此,科技中介组织应该积极拓宽其服务范围,增加其服务类型。服务领域不断扩展到创新活动的全过程。科技中介组织要积极将大学、科研院所的科技成果应用到科技企业实际的创新活动中,制定相关的法律法规,使科学技术成果作为股份投资到科技企业;科技中介组织要加强与大学、科研院所的交流与合作,全面参与到高校、科研院所的创新活动中去,与其建立长期的合作关系。另外,科技中介组织在区域创新体系中要发挥好的桥梁纽带作用,为科技企业和大学、科研院所提供法律、咨询、融资、技术鉴定、价值评估、成果转让等全过程的服务。科技中介组织管理水平的高低是影响科技中介组织在区域创新体系中运行的关键因素。因此,科技中介组织首先应该制定适合自身发展的目标,对自身有一个正确的市场定位,增强竞争意识,积极建立现代企业管理制度、科学的运营流程体系以及有效的考核制度和竞争制度等。

为了提升科技中介组织的服务水平,应该加强科技中介组织与其他组织机构的立体化、多方位联系。一方面,科技中介组织要之间要加强相互之间的交流与合作,共享资源,建立和谐的关系,为科技创新的全过程提供全面的服务。科技中介组织还要与企业建立良好的关系,因为科技中介组织大都是为科技企业服务的,因此只有科技中介组织与科技企业建立良好的关系,加强彼此之间的交流与联系,科技中介组织才能有更多的客户,才能为科技中介组织创造良好的效益。另一方面,科技中介组织可以与其他国家、省、市的先进科技中介组织加强交流与合作,形成有效的合作机制。

(二)完善政策制度体系,推动科技中介组织在区域创新体系中良好运行

科技中介组织能否健康良好发展与外部环境有着很重要的联系,科技中介组织在区域创新体系中的有效运行依赖于健全的法律法规以及政策体系。目前潍坊已经制定了一些规章制度来促进科技中介组织在区域创新体系中的运行,如《自主创新产品认定管理办法(试行)》、《重点实验室管理办法》、《关于鼓励支持高新技术产业加快发展的有关政策规定》,还有其他一些有利的

法律法规和政策,这些都为科技中介组织的发展提供了良好的制度软环境。尽管有一些规章制度,但是应进一步完善相关的规章体系,进一步确定科技中介组织的服务类型、服务标准、行业进入条件、标准、规则、赔偿制度、破产规定以及从业人员认定资格,从而从有效规范科技中介组织的行为。

制定促进科技中介组织在区域创新体系中有效运行的税收优惠政策。税收是国家凭借其政治权力,对符合纳税条件的单位和个人取得的部分收入进行征收,是取得财政收入的一种手段,具有强制性、无偿性和固定性。据调查,世界各国对科技中介组织都有一定的税收优惠,因此,应该吸收国内外在税收方面成功的经验,并结合自身的情况,制定符合自身发展的税收优惠政策,从而减轻潍坊市科技中介组织的税收负担,调动其积极性。要扩大对科技中介组织投资支出的税前所得税抵扣程度,允许融资机构、科技企业等对科技中介组织的投资抵扣科技中介组织的纳税所得额;对于那些开发新产品的科技企业和技术创新项目要采取税收优惠的政策,才能够提高其进行高科技创新的积极性。

制定系列的促进新兴科技中介组织发展的政策措施,促进新兴产业发展,要建立一批协助融资的科技中介组织,解决科技创新企业投融资方式单一问题,以吸引更多资金投入到创新活动中;建立更多的专利代理、技术评估、技术交易类型的科技中介组织,完善科技中介行业建设,为科技研发活动提供更加全面的服务。

拓宽科技中介组织在区域创新体系中良好运行的投融资模式。从目前的情况来看,潍坊科技中介组织还不能很好地满足市场经济发展的需要,影响了科技中介组织在区域创新体系中运行效率,主要的问题是规模小、资金不足,为此,一方面,政府应当制定相关政策进行引导。政府投资科技创新组织具有社会引导作用,政府财政能够从事那些研究时间长、见效慢的基础科学研究与产业共性技术研究,而这些类型的研究活动是以利润最大化为目标的企业所不愿从事研究的。据调查,目前对科技创新投入占国内生产总值(GDP)的比重与发达区域相比还相差很大。因此,政府要增加财政对科技中介组织的投入比例,以此来支持科技中介组织的发展。政府对科技研究的财政投资应该有重点、有针对性,应该增加财政投资在那些社会效益高、能极大促进经济增长和增强产业竞争力的技术研究和项目上。另一方面,由于社会上对科技中介组织的认识还不全面,对其发展趋势还没有一个清晰的认识,科技中介组织的融资渠道受到了限制。所以,针对这样的情况,科技中介组织应积极与企业等其他区域创新主体互动联系,让其他区域创新主体明晰其发展理念、目标、科技成果的价值,鼓励其他区域创新主体积极参与到创新活动中。

政府应当制定相关政策,引导金融企业投资,提升银行信贷资金在科技中介组织融资中的比例。积极鼓励科技中介组织与银行等金融机构加强联系,使金融机构能更好地了解科技中介组织,为其投资做好准备;鼓励金融机构的专家担任科技中介组织的理财顾问;积极向金融机构推荐发展前景好、效益好的科技中介组织,组织相关专家正确论证和评价科技项目和科技成果。

充分发挥风险投资公司的资金优势,鼓励更多的风投资金进入科技中介行业,从而为科技中介组织参与全过程的创新活动提供充足资金。应对各级科技风险投资基金进行合理的分配,制定风投的奖励办法和优惠政策,吸引国内外更多的风险投资进入科技中介行业的科研活动中。

(三)完善科技中介行业协会建设,不断规范科技中介组织的行为

在经济发达国家,如美国、德国、日本,科技中介行业协会能够有效地促进科技中介组织的发展。而潍坊的科技中介行业协会种类少,涉及的行业较少,起步也晚,经营体系也不完善。因此要完善科技中介行业协会功能,鼓励科技中介行业协会制定该行业的自律制度、进入制度、管理制度、行业规范等,对各种违纪行为、不正当竞争行为加以惩治,维护本行业的社会地位,扩大科技中介行业协会对科技中介组织的管理,使科技中介组织在促进科技进步和经济发展方面充分发挥其重要作用。科技中介组织加入科技行业协会要本着平等、自愿的原则,发挥中介行业协会在促进行业内科技中介组织与其他行业组织的交流与合作以及开拓市场等方面的积极作用。每个科技中介组织要发挥自身的力量,规范自身的行为,遵守本行业协会的相关制度与规定,促进本行业协会向着更加完善的方向发展。完善科技中介行业协会的功能,增加行业协会的种类,扩大服务范围和分布范围,完善行业结构,政府要制定能够促进行业协会健康发展的政策法规,建立的行业协会体系应该符合潍坊市的区域经济发展、市场经济秩序、管理规范;促进行业协会进行改革。加大行业协会的改革力度,逐步减弱政府对行业协会的干预力度;增加行业协会的成员类型。现有的科技中介行业协会的成员除了民营企业、外资企业、国有企业、私

营企业这些经济组织外,还要吸收高校和科研院所等这样的经济组织,充分发挥各成员的作用,促进科技中介组织在区域创新体系中的有效运行。

(四)加强科技中介组织与区域创新主体共建产业技术创新战略联盟

一方面科技中介组织要与区域内的大学、科研机构和企业加强合作,共享创新资源。例如,企业和科技中介组织可以为科研院校的学生提供科研和实习基地,使学生的动手操作能力和实践应用能力大大提高,另外还可以帮助大学解决相应科技的实践教学目标;高校和科研机构的专家也可以为企业提供技术上的指导,促使企业管理技术和专业技术进一步提高,高校和科研机构可以向企业提供管理人才和专业科技人才,一些闲置的高科技设备也可以提供给企业等。

完善科技中介组织与高校、科研院所之间的产、学、研合作平台。科技企业要建立以企业为主体,产、学、研相结合的合作平台,依据是《国家中长期科学和技术发展规划纲要(2006—2020年)》。企业主要是技术创新,高校、科研机构主要是知识创新,政府协调产、学、研合作活动,科技中介机构提供科技服务,起纽带作用。在建立产学研合作平台的过程中,政府要制定鼓励优惠政策,设立研究成果基金,鼓励各高校、科研院所以及国内外科技企业在科技中介组织设立研发中心、人才培育中心、科技园区等,实现科技成果在高校、科研院所和企业之间的转化,引导科技中介组织积极学习国内外优秀的科技中介组织在这方面的成功经验,全力支持科技中介组织的科技转化;企业在产、学、研结合的技术创新过程中起到主导作用,高校起辅导作用,应该为企业的科技创新活动提供有关知识方面的帮助;科技中介组织在产、学、研结合的技术创新过程中起到桥梁的作用。

健全科技中介组织在区域创新体系运行中的信息共享网络体系。科技中介组织公共信息网络体系对促进科技中介组织在区域创新体系中的有效运行具有重要的作用。科技中介组织在区域创新体系运行中的信息共享网络体系能促进区域创新主体间实现知识、信息资源的共享,方便区域创新主体的信息交流,降低科技中介组织与创新主体之间的交易成本,加快区域创新主体进行科技创新的效率,实现区域创新主体间优势互补、互动发展。

近年来,国际上科技中介组织的信息网络建设出现了新的发展趋势:区域融合,比如,区域网络、城市网络、国内网络以及国际网络。借助于互联网等先进的网络技术,科技中介组织的网络化、信息化水平不断提高。如美国俄亥俄州政府实施的"托马斯·爱迪生"工程,建立了多个科技企业孵化器,①这些孵化器之间彼此相互独立,都有各自不同的侧重点,但是他们又是相互联系的,他们之间共享信息资源,这些孵化器之间彼此相互对立又相互合作,使得爱迪生孵化器成为全世界最著名的孵化器项目。

近年来,随着经济和科技的飞速发展,国内科技中介组织信息资源网络体系建设也有一定的发展。经济发达的区域建立了科技中介组织的科技信息资源共享平台和科技信息数据库,如知识共享数据库、信息资源数据库、技术咨询数据库等。信息共享平台促进了政府、科研院所、大学、科技中介组织以及科技企业相互交流信息,有效的促进了科技中介组织在区域创新体系中的运行效率。因此,针对潍坊市区域内科技中介组织在区域创新体系中运行的信息共享平台和信息网络数据库不完善现状,应完善科技中介组织信息网络体系,积极建立公共科技信息服务平台,整合政府、科研机构、大学、科技中介组织、科技企业的信息资源,实现实行科技资源共享。同时,进一步完善和升级公共科技信息服务网络,为区域创新系统内各个创新主体良好的互动发展提供优质服务。通过公共科技信息服务网络,科技中介组织也可以了解科技企业对科研项目的需求信息,在科研机构、大学和科技企业之间架起沟通的桥梁和纽带,促进科研成果向生产力的转化。同时,科技中介组织也可以充分了解科研机构、大学研究的项目及其价值,通过分析评估,帮助其降低科研风险,提高科技创业成功率。

(五)重视科技中介组织的聚集区——科技园区的建设

科技园区是科技中介组织和政府、科技企业、大学以及科研机构相互动态作用的区域创新示范区。科技中介组织在促进科技园区的发展上发挥着重要的作用。根据国际区域创新体系运行的示范区——科技园区建设的经验,科技园区的发展都依赖于科技企业孵化器等科技中介组织的发展,依赖于科技园区内科技中介组织所提供服务体系的完善程度。要加强区域创新体系运行的示范区——科技园区的建设首先要建立完善的科技企业孵化器等科技中介组织并完善其服务体系,这是促进科技园区建设的关键,其次,充分发挥科技

---

① 张景安:《我国科技中介组织的发展》,《中国信息导报》2003 年第 8 期,第 10—14 页。

园区的积聚和辐射作用,重视发展有国际竞争力高新技术产业并能进行集群化发展。

要根据区域的优势特点,建立系列的特色科技园区。如根据农业畜牧业发展快的区域特点,重点培育农业及畜牧业等科技园区,实现园区内农业畜牧业科技中介组织积聚化发展,科技型企业与科技中介组织及研发机构互动发展,农业畜牧业实现高技术下的集群化发展。

(六)积极培育科技中介组织人才队伍

科技中介组织服务人员的素质直接影响着科技中介组织服务的能力,因此要提高科技中介组织服务水平,关键是要建立一批既懂专业技术又懂管理、营销的高素质综合性科技中介组织人才队伍。为此,科技中介组织首先要制定一系列的人才招聘、培训、考核、薪酬激励以及职业生涯制度,为科技中介组织服务人员创造良好的环境。科技中介组织人才有效的激励制度,能充分调动科技中介组织人才的积极性和更大程度地提高他们的创造性。目前,科技中介组织中从事专利代理、技术评估师、注册咨询师、风险评估师等方面的人才比较少,因此,科技中介组织应该招聘、培训、考核、薪酬激励以及职业生涯制度方面向这部分人才倾斜。其次,要重点吸引和培养专业型的人才,并重视加强培训现有的服务人员,采用"请进来、走出去"的科技中介组织人才战略,"请进来"是从高校、科研院所聘请优秀人才、专家来科技中介组织对现有的服务人员进行培训、讲课,"走出去"是让科技中介组织现有的服务人员分批到各高校、科研院所甚至是国外的科技中介组织进行学习,学习他们先进的技术、管理理念、制度、团队精神等。最后,应制定技术评估师、注册咨询师从业资格认定标准,对当前科技中介组织紧缺的人才培训给予有效地政策激励措施。

完善科技中介组织在区域创新体系中人才信息网络建设,建立区域人才信息共享平台,为科技人才提供全面的人才交流与合理化配置信息、招聘信息、培训信息等。区域创新体系中人才信息共享平台可以为科技中介组织提供人才咨询、人事代理、人才租赁等服务,有效解决人才与各个创新主体供需信息不对称的问题,从而为创新主体提供高素质的人才,同时也能为科技人才提供适合的岗位,有效地降低由于信息不对称所导致的人才供需矛盾。

# 结论与展望

在对科技中介组织内涵及在区域创新体系中的运作机制分析的基础上，首先，探讨了科技中介组织在区域创新体系中作用机制，分析了科技中介组织在区域创新体系运行中存在的问题，并探讨了国内外科技中介组织在区域创新体系中的运行经验。

其次，利用系统的理论和方法，分析了科技中介组织在区域创新体系中运行机理，探讨了区域创新系统中科技中介组织、企业、政府、大学及科研机构等区域创新主体的系统关系，探讨了区域创新系统发展模式，进行了科技中介在区域创新体系中运行的系统动力学分析。在以上分析的基础上，建立了科技中介组织在区域创新体系中运行的评价指标体系，构建了科技中介组织在区域创新体系中运行的评价模型。另外，利用博弈论相关理论和方法，对科技中介组织与区域创新主体进行了博弈分析，建立了科技中介组织与区域创新主体协同发展隐性知识分享博弈模型、演化博弈模型以及合作博弈模型等。

最后，从管理体制和机制、服务范围、互动发展机制、知识分享机制以及人才保障体系建设等几个方面提出了科技中介组织在区域创新体系中有效运行的对策建议。

今后的研究将重点关注以下几个方面：

首先，科技中介组织和区域创新体系以及科技中介组织在区域创新体系中的运行将受到将越来越多的重视。随着区域创新体系理论的不断完善，将从多个角度，利用多种方法，建立起完整的科技中介组织在区域创新体系中运行的理论体系。

其次，系统的分析方法，博弈论的理论和方法以及模糊数学等多种的研究方法将运用到科技中介组织在区域创新体系中运行的研究中。利用这些研究方法，将深入探讨区域创新系统的运转机理、科技中介组织在区域创新体系中

运行的机理。如:利用系统分析法深入探讨区域创新系统的有机运转与区域
经济发展的互动关系;通过系统动力学的模拟仿真分析,深入探讨区域创新体
系以及科技中介组织在区域创新体系中运行的影响因素,找出关键影响变量
并进行政策分析;通过博弈论相关理论和方法的应用,深入分析和认识区域创
新主体之间的动态关系和作用机理。另外,随着区域创新体系以及科技中介
组织在区域创新体系中运行的研究深入和理论体系的不断完善,科技中介组
织在区域创新体系中运行的评价体系也将不断完善,评价指标不断丰富和发
展,评价方法也将动态发展。

最后,如何根据不同区域的特点,深入探讨不同区域创新体系的建设以及
科技中介组织在不同区域创新体系中运行的机理和对策也将是今后研究的重
点。同时,如何深入研究科技企业孵化器、生产力促进中心以及技术评估和转
化中心等每一类型的科技中介组织在不同区域创新体系中的发展及运行机制
也是一个关注的重点。另外,科技中介组织的聚集区科技园区的建设将受到
越来越多的关注,科技中介组织如何与科技园区互动发展,科技园区发展又如
何促进区域经济的发展也是关注的焦点。

# 参考文献

[1] Min – Wei Lin, Barry Bozeman: *Researchers Industry Experience and Productivity in University – Industry Research Centers: A "Scientific and Technical Human Capital" Explanation.* Journal of Technology Transfer, 2006, 31: 269–290.

[2] Rachel Levy, Pascale Roux, Sandrine Wolff: *An analysis of science – industry collaborative patterns in a large European University.* J Technol Transf, 2009, 34: 1–23.

[3] Spyros Arvanitis, Nora Sydow, Martin Woerter: *Do specific forms of university–industry knowledge transfer have different impacts on the performance of private enterprises? An empirical analysis based on Swiss firm data.* J Technol Transfer, 2008, 33: 504–533.

[4] Hall, Bronwyn H., Link, Albert N., & Scott, John T.: *Barriers inhibiting industry from partnering with universities: Evidence from the advanced technology program.* Journal of Technology Transfer, 2001, 26: 87–98.

[5] Hans Loof, Anders Brostrom: *Does knowledge diffusion between university and industry increase innovativeness?.* Technol Transfer, 2008, 33: 73–90.

[6] Bing Wang, Jun Ma, Collaborative R&D: *intellectual property rights between Tsinghua University and multinational companies.* Technol Transfer, 2007, 32: 457–474.

[7] Poh – Kam Wong: *Commercializing biomedical science in a rapidly changing ''triple – helix'' nexus: The experience of the National University of Singapore.* Technol Transfer, 2007, 32: 367–395.

[8] Giuseppe Medda., Claudio Piga, & Donald S. Siegel: *Assessing the returns to collaborative research: A firmlevel evidence from Italy.* Economics of

Innovation and New technology,2006,15(1):37-50.

[9] Elyse Golob: *Capturing the Regional Economic Benefits of University Technology Transfer: A Case Study.* Journal of Technology Transfer, 2006, 31: 685-695.

[10] Mark Easterby – Smith, Marjorie A. Lyles. & Eric W. K. Tsang: *Inter-Organizational Knowledge Transfer: Current Themes and Future Prospects.* Journal of Management Studies,2008,45:677-90.

[11] Arend, Richard: *Obtaining R&D Joint Venture Co – operation under Prisoners' Dilemma Incentives: Logic and Experiment.* European Management Journal,2005,23:520-32.

[12] Dries Faems, Maddy Janssens, Bart Van Looy: *Managing the Co – operation-Competition Dilemma in R&D Alliances: A Multiple Case Study in the Advanced Materials Industry.* Creativity and Innovation Management,2010,1:21.

[14]卢时雨:《区域创新能力与区域创新效率关联性分析及测度研究》,吉林大学 2009 年博士毕业论文。

[15]Catherine Searle Renault:*Academic Capitalism and University Incentives for Faculty Entrepreneurship.* Journal of Technology Transfer,2006,31: 227-239.

[16]顾建光:《发挥科技中介在我国创新体系中的作用》,《西安交通大学学报》(社会科学版)2006 年第 11 期,第 34—39 页。

[17]董新平:《基于组织要素结构的区域创新体系模式探讨》,《科技创业月刊》2008 年第 6 期,第 7—11 页。

[18]SU Jing:*The Comparative Study of Regional Innovation Systems of Japan and China.* Nistep Study Materlal,2000,9.

[19]涂成林:《国外区域创新体系不同模式的比较与借鉴》,《科技管理研究》2005 年第 11 期,第 167—171 页。

[20]高玉宇,陈物昌,王剑荣,徐建春:《科技中介服务与发展》,《改革与战略》2005 年第 10 期,第 100—101 页。

[21] Erkko Autio, Magnus Klofsten: *A comparative study of two European business incubators.* Journal of Small Business Management 36(1):30-43.

[22] Gregory Tassey: *Technology Infrastructure and Competitive Position.*

Norwell, MA: Kluwer Academic Publishers 1992.

[23] Tewksbury, J. M. Crandall: *Measuring the Societal Benefits of Innovation*. Science 1980,209(8):658-662.

[24] Panel, P. , K. Pavitt: *The Nature and Importance of Na-tional Innovation Systems*. STI Review,1994,(14):9-32.

[25] Deog-Seong: *Technology-based regional development policy case study of Taedok Science Town, Taejon Metropolitan City, Korea*. Habitat International 26. 2002:213-228.

[26] Raymond. W. Smilor: *Managing the incubator system*, IEE Transaction son Engineering Management, Vol. EM 34. 1987. 8(3):146-148.

[27] Colombo M. & Delmastro M: *How effective are technology incubators? Evidence from Italy*. Research Policy,31(7):1103-1122.

[28] Yannis Georgellis, howward. J. Wall: *Networks in Entrepreneurship: the Case of Environment*, FRB of st. Louis Working Paper NO. 2002-019.

[29] Alan Hyde: *How Silicon Valley Has Eliminated Trade Secrets, (and Why This is Efficient)*, Rutgers University School of Law, on Leave 2000-20.

[30] NancyT Gallini, rian D Wright: *Technology Transfer under Asymmetric Information*. RANDJ of Economies,1990,(21):147-159.

[31] Allen, D. , Rahman, S: *Small business incubators: a positive environment for Entrepreneurship*. Journal of Small Business Management,1985,23(3):12-22.

[32] Suma S Athreye Agglomeration And Growth: *A Study of the Cambridge Hi-Tech Cluster*. SIEPR Discussion Paper,2001. 6,00-42.

[33] Edward J, Blakely, Nancy Nishikawa: *Incubating High - technology Firms: State Economic Development Strategies for Biotechnology*. Economic Development Quarterly 1992,6(3):213-220.

[34] Carlsson. Ann - Charlotte Fridh: *Technology transfer in United States universities: A survey and statistical analysis*. Journal of evolutionary economics, 2002. 12,199-232.

[35] Mark Pingle: *The effect of decision costs on the formation of market - making intermediaries: a pilot experiment*. Journal of Economic Behavior &

Organization,2000. 3,3-26.

[36] Everett M. Rogers, Shiro Takegami, Jing Yin: *Lessons learned about technology transfer. Technovation*,2001,253-261.

[37] Ryan Womack: *Information intermediaries and optimal information distribution.* Library & Information Science Research,2002,129-155.

[38] John Bessant,Howard Rush: *Building bridges for innovation: the role of consultants in technology transfer.* Research policy,1995,97-114.

[39] Joel Bleeke, David Ernst: *Collaborating to Compete : Using Strategic Alliances and Acquisitions in the Global Market-place.* New York : John Wiley & Sons,Inc1,1993,1.

[40] Deeds,David L1,Charles W. L. Hill. : *An examination of opportunistic action within research alliances: Evidence from the biotechnology industry.* Journal of Business Venturing,1999,14(2):141-163.

[41] Etzkowitz H, Peters L: *Profit from Knowledge: Organizational Innovations and Normative Change in American University.* Minerva, 1991, (Summer):47-51.

[42] T. K. Das,Bing-Sheng Teng: *A resource - based theory of strategic alliances.* Journal of Managemen,2000,(26):31-61.

[43] Gautam Ahuja: *Collaboration networks,structural holes,and innovation: A longitudinal study.* Administrative Science Quarterly,2000,(45):425-455.

[44] Bart Clarysse Mike Wright, Andy Lockett, Els Van de Velde, Ajay Vohora: *Spinning out new ventures: a typology of incubation strategies from European research institutions.* Journal of Bussiness venturing, 2005 (20): 183 -216.

[45]Anna Bergek,Charlotte Norrman: *Incubator best practice: A framework.* Technovation,2008(28):20-28.

[46] Michael Schwartz, Christoph Hornych: *Specialization as strategy for business incubators: An assessment of the Central German Multimedia Center.* Technovation,2008(28):436-449.

[48]Tiago Ratinho,Elsa Henriques: *The role of science parks and business in-*

cubators in converging countries: Evidence from Portugal. Technovation,2010(30):
278–290.

[49] Joanne L. Scillitoe, Alok K. Chakrabarti: The role of incubator
interactions in assisting new ventures. Technovation,2010(30):155–167.

[50] Michael J. Nowak, Charles E. Grantham: The virtual incubator:
managing human capital in the software industry. Research Policy, 2000 (29):
125–134.

[51] Elias G. Carayannisa, Maximilian von Zedtwitzb: . Architecting gloCal
(global–local), real–virtual incubator networks (G–RVINs) as catalysts and
accelerators of entrepreneurship in transitioning and developing economies: lessons
learned and bestpractices from current development and business incubation practices.
Technovation,2005(25):95–110.

[52] Heidrun C. Hoppe, Emre Ozdenoren: Intermediation in innovation.
International Journal of Industrial Organization,2005,23(2):483–503.

[53] Jeremy Howells: Intermediation and the role of intermediaries in
Innovation. Research Policy. 2006,35(5):715–728.

[54] Kris Aerts, Paul Matthyssens, and Koen Vandenbempt: ritical role and
screening practices of European business incubators. Technovation, 2007 (27):
254–267.

[55] Frank T. Rothaermela, Marie Thursbyb. : University–incubator firm
knowledge flows: assessing their impact on incubator firm performance. Research
Policy,2005(34):305–320.

[56] Maura McAdam, Rodney McAdam. : High tech start–ups in University
Science Park incubators: The relationship between the start–up's lifecycle
progression and use of the incubator's resources. Technovation, 2008 (28):
277–290.

[57] Chung–Jen Chen: Technology commercialization, incubator and venture
capital, and new venture performance. Journal of Business Research, 2009 (62):
93–103.

[58] Leora Rothschild, Asaf Darr: Technological incubators and the social con-

*struction of innovation networks*：*an Israeli case study*. Technovation，2005（25）：
59-67.

　　[59]刘锋、王永杰、陈光:《我国科技中介组织发展的国际比较及发展趋
势研究》,《中国科技论坛》2005 年第 3 期,第 9—13 页。

　　·[60]李志刚:《科技中介服务业建设水平评价指标体系研究》,《科学学
与科学技术管理》2004 年第 8 期,第 88—91 页。

　　[61]赵琨、隋映辉:《科技中介与科技产业集聚互动作用的量化分析》,
《科技管理研究》2007 年第 11 期,第 250-254 页。

　　[62]李京文、汪同三:《中国经济增长的理论与政策》,社科文献出版社
1998 年版。

　　[63]吴贵生:《区域科技论》,清华大学出版社 2007 年版。

　　[64]盛昭瀚:《演化经济学》,三联书店 2004 年版。

　　[65]傅家骥、雷家骕、程源 :《技术经济学前沿问题》,经济科学出版社
2003 年版。

　　[66]谢识予:《经济博弈论》,复旦大学出版社 2002 年版。

　　[67]马庆国、汪蕾:《科技成果成熟度的度量与科研开发的要素替代》,
《科学学研究》2000 年第 18 期,第 25—28 页。

　　[68]张景安:《创业精神与创新集群——硅谷的启示》,复旦大学出版社
2002 年版。

　　[69]罗发友、刘友金:《企业技术创新集群行为的行为生态学研究》,《中
国软科学》2004 年第 1 期,第 68—72 页。

　　[70]刘友金、杨继平:《集群中企业协同竞争创新行为博弈分析》,《系统
工程》2002 年第 2 期,第 22—26 页。

　　[71]刘志迎,范云,晋盛武:《 需求约束下的产业创新动态系统演化博弈
研究》,《科学学与科学技术管理》2007 年第 12 期,第 55—58 页。

　　[72]李光红:《校企合作创新的演化博弈分析》,《科技管理研究》2007 年
第 8 期,第 153—154 页。

　　[73]张云德:《社会中介组织的理论与运作》,上海人民出版社 2003
年版。

　　[74]谢欣、徐小钦:《科技中介运作模式研究》,《科学学研究》2004 年第

22 期,第 663—668 页。

[75] 张云德:《社会中介组织的理论与运作》,上海人民出版社 2003 年版。

[76] 李正风:《从"知识分配力"看科技中介机构的作用与走向》,《科学学研究》2003 年第 8 期,第 21—24 页。

[77] 国家科技部:《世界各国科技中介机构发展概览》2002 年。

[78] 唐丽艳,王国红,张秋艳:《科技型中小企业与科技中介协同创新网络的构建》,《科技进步与对策》2009 年第 10 期,第 79—83 页。

[79] 吴启运:《大力发展科技中介促进高校科技成果转化》,《高等教育研究学报》2008 年第 6 期,第 50—54 页。

[80] 刘玥、薛喜成、何勇:《灰色关联分析法在土壤重金属污染评价中的应用》,《安全与环境工程》2009 年第 1 期,第 15—17 页。

[81] 张晓芬:《美国构建科技中介服务体系的经验及启示》,《辽宁大学学报》(哲学社会科学版) 2006 年第 2 期,第 139—142 页。

[82] 蒋俊东:《协同论对现代管理的启示科技管理研究》,《科技管理研究》2004 年第 1 期,第 151–152 页。

[83] 张德贤、陈中慧、戴桂林:《高技术产业化协同过程探讨》,《中国管理科学》1997 年第 5 期,第 47–51 页。

[84] 于全辉、孟卫东:《企业群落中创新行为的演化博弈分析》,《科技管理研究》2007 年第 1 期,第 180—182 页。

[85] 曹洋、陈士俊、王雪平:《科技中介组织在国家创新系统中的功能定位及其运行机制研究》,《 科学学与科学技术管理》2007 年第 4 期,第 20—24 页。

[86] 刘义、聂鸣:《区域创新系统内部隐性知识分享的博弈及对策》,《科技管理研究》2007 年第 11 期,第 176—178 页。

[87] 闫禹、刘润:《"硅谷"模式生成的一种演化博弈分析》,《沈阳师范大学学报》(社会科学版)2007 年第 4 期,第 4—6 页。

[88] 陈功玉、钟祖昌、邓晓岚:《企业技术创新行为非线性系统演化的博弈分析》,《南方经济》2006 年第 4 期,第 110—117 页。

[89] 蒋长流、纵玲玲:《基于动态博弈的政府与中小企业技术创新行为分

析》,《技术经济》2007 年第 3 期,第 14—16 页。

　　[91]张景安:《关于我国科技中介组织发展的战略思考》,《中国软科学》2003 年第 4 期,第 1—5 页。

　　[92]李柏洲、苏屹:《区域创新系统中政府与企业合作关系博弈分析》,《科技进步与对策》2009 年第 10 期,第 32—35 页。

　　[93]吴开松、颜慧超、何科方:《科技中介组织在高新区创新网络中的作用》,《科技进步与对策》2007 年第 7 期,第 41—43 页。

　　[94]刘萨沙:《加强科技中介机构建设,提高区域创新能力》,《科技情报开发与经济》2003 年第 11 期,第 174—175 页。

　　[95]罗公利、刘伟:《山东省科技中介服务机构的发展对策》,《科技与管理》2008 年第 9 期,第 1—4 页。

　　[96]赵顺龙、万菲:《科技中介发展与政府行为》,《学术界科技与管理》2008 年第 3 期,第 206—212 页。

　　[97]马玉根:《科技中介服务在区域创新系统中的功能研究》,《科技创业》2007 年第 2 期,第 16—18 页。

　　[98]白洁:《基于系统论的科技中介运行机制优化》,《商场现代化》2009 年第 4 期。

　　[99]王伦安、刘卫华等:《科技中介机构的合作联盟研究》,《经济师》2008 年第 6 期,第 24—25 页。

　　[100]李俊、于会萍:《科技中介机构运行模式及发展走向》,《科学与管理》2008 年第 2 期,第 87—88 页。

　　[101]简兆权、刘荣:《基于科技中介的区域创新系统知识转移路经研究》,《科学学与科学及技术管理》2010 年第 8 期,第 97—108 页。

　　[102]孙亮、白献阳:《科技中介机构智力资源管理的方法》,《经营管理者》2010 年第 6 期。

　　[103]赵筱媛:《国外软件集簇发展中典型的科技中介机构的服务模式评价》,《中国科技论坛》2008 年第 5 期,第 136—140 页。

　　[104]王健、王树恩:《我国科技中介机构管理机制与模式研究》,《科技管理研究》2009 年第 7 期,第 67—69 页。

　　[105]李文元、顾桂芳、梅强:《我国科技中介机构管理模式演进路径研

究》,《科技管理研究》2010 年第 10 期,第 23—24 页。

[106]王炳才:《作为区域创新体系支撑系统的科技中介服务》,《商业研究》2005 年第 4 期,第 149—152 页。

[107]顾建光:《发挥科技中介在我国创新系统中的作用》,《西安交通大学学报》(社会科学版)2006 年第 26 期,第 34—36 页。

[108]吴开松,颜慧超,何科方:《科技中介组织在高新区创新网络中的作用》,《科技进步与对策》2007 年第 24 期,第 41—43 页。

[109]马玉根:《科技中介服务在区域创新系统中的功能研究》,《科技创业》2007 年第 2 期,第 16—18 页。

[110]贾建军,高继国,李奋生:《论我国科技中介组织在科技创新体系中的功能定位》,《攀枝花学院学报》2009 年第 26 期,第 62—65 页。

[111]陈蕾:《科技中介服务机构建设的必要性研究——基于区域创新体系》,《现代商业》2010 年第 11 期,第 58—60 页。

[112]莫莉萍、杨建国、朱江杰:《应对金融危机充分发挥科技中介作用——以贵阳生产力促进中心为例》,《科技创业》2010 年第 1 期,第 140—141 页。

[113]刘培亭、亓昭东:《浅谈我国科技中介机构的发展》,《泰山学院学报》2006 年第 2 期,第 67—69 页。

[114]邹旋、刘英:《中介组织在科技成果转化中的作用》,《经济纵横》2006 年第 5 期,第 13—15 页。

[115]周燕:《科技中介在企业技术创新中的作用》,《企业科技与发展》第 2009 年第 8 期,第 1—3 页。

[116]刘庆:《科技中介在科技成果转化中的角色和定位研究》,《科协论坛》2010 年第 2 期(下),第 185—186 页。

[117]赵晓广、李书奎、高磊:《科技中介机构的社会功能》,《河南科技》2010 年第 5 期,第 17—18 页。

[118]张铁男、杜军:《黑龙江省科技中介服务机构评价研究》,《科技与管理》2007 年第 1 期,第 139—142 页。

[119]孙莹:《中介机构和科技项目管理之间的博弈分析》,《中国科技信息》2009 年第 9 期,第 178—180 页。

[120]李文元、、梅强:《基于中小企业创新全过程的科技中介服务体系构建研究》,《中国科技论坛》2009 年第 6 期,第 59—63 页。

[121]唐丽艳、王国红、张秋艳:《科技型中小企业与科技中介协同创新网络的构建》,《科技进步与对策》2009 年第 26 期,第 79—82 页。

[122]白洁:《基于系统论的科技中介运行机制优化》,《商场现代化》2009年第 4 期,第 73 页。

[123]江永众、章群、苗淼:《科技中介服务体系的形成与促进机制研究》,《科技进步与对策》2010 年第 27 期,第 15—19 页。

[124]吴华、王超:《我国科技中介服务体系中的制度障碍分析》,《科技情报开发与经济》2005 年第 15 期,第 166—167 页。

[125]熊小奇:《构建我国开放式科技中介信息服务体系》,《产业发展》2007 年第 10 期,第 23—27 页。

[126]张仁开、张剑波、杨耀武:《我国科技中介服务体系建设的现状、问题与对策研究》,《科技与经济》2007 年第 20 期,第 15—17 页。

[127]孙芃:《科技中介机构现状、生存与发展》,《江苏信息科技》2009 年第 3 期,第 33—34 页。

[128]许伟:《论科技中介服务体系的完善》,《集美大学学报》2009 年第 12 期,第 117—120 页。

[129]杨爱华:《科技中介的瓶颈与发展路径分析》,《科技与管理》2006年第 1 期,第 107—109 页。

[130]刘培亭、亓昭东:《浅谈我国科技中介机构的发展》,《泰山学院学报》2006 年第 2 期,第 67—69 页。

[131]吴启敏、陈宝国:《浅析科技中介机构在科技创新中的作用》,《科技文汇》(上旬刊)2007 年第 11 期,第 219—222 页。

[132]韩霞:《论我国科技中介服务业的功能定位与发展策略》,《中国软科学》2008 年第 5 期,第 21—26 页。

[133]刘锋、王永杰、陈光:《科技中介发展中自身行为规范化研究》,《高科技与产业化》2006 年第 1 期,第 17—19 页。

[134]程琦:《国际中介组织现行管理模式及启示》,《科技创业》2009 年第 5 期,第 70—72 页。

［135］张宏军:《我国科技中介机构发展的国际比较与借鉴》,《科技与经济》2009 年第 2 期,第 17—20 页。

［136］李欣、邹礼瑞:《科技中介服务体系发展动力机制分析》,《科技进步与对策》2008 年第 25 期,第 101—103 页。

［137］刘其赟:《高校科技中介服务体系发展探讨——基于新制度经济学视角》,《中国集体经济》2009 年第 9 期,第 137—138 页。

［138］冯秀芬:《完善行业协会对科技中介机构管理的建议》,《中国集体经济》2009 年第 9 期,第 49 页。

# 后　记

　　科技中介组织作为知识密集型的现代服务业,在区域创新体系建设中发挥着重要的桥梁和纽带作用。科技中介组织在区域创新体系中发挥着科技评估、技术的扩散、成果的转化、创新资源配置、创新决策和管理咨询等作用。科技中介组织在区域创新体系中的良好运行,协调了政府、大学、科研结构和企业等其它创新主体的关系,实现了科技资源的有效转化,提升了区域创新系统的运行效率。

　　区域创新体系的发展是来自国家创新体系的发展,它的主体要素包括区域内的政府、企业、大学、科研机构、中介服务机构等。科技中介组织在区域创新体系中有效运行,区域创新体系中科技中介组织与其他创新主体互动协同发展对提升区域创新系统的运行效率具有十分重要的意义。

　　本书是由青岛大学国际商学院王庆金、曹艳华、周雪等撰写;青岛大学国际商学院技术经济及管理硕士研究生王环、赵燕子、董华以及 MPA 刘莉莉等参与了部分工作,同时在写作过程中得到了相关领导和专家的支持,在此表示感谢! 同时得到人民出版社的支持和帮助,在此一并表示感谢!

作　者

责任编辑:虞　晖　陈鹏鸣

封面设计:周方亚

**图书在版编目(CIP)数据**

科技中介组织与区域创新体系研究/王庆金,曹艳华,周雪著.
　-北京:人民出版社,2011.12
ISBN 978－7－01－010576－5

Ⅰ.①科…　Ⅱ.①王…②曹…③周…　Ⅲ.①科学技术-中介组织-研究
　②地区经济-国家创新系统-研究

中国版本图书馆 CIP 数据核字(2011)第 280261 号

科技中介组织与区域创新体系研究

KEJI ZHONGJIE ZUZHI YU QUYU CHUANGXIN TIXI YANJIU

王庆金　曹艳华　周雪 著

人民出版社 出版发行
(100706　北京朝阳门内大街 166 号)

北京新魏印刷厂印刷　　新华书店经销

2011 年 12 月第 1 版　2011 年 12 月北京第 1 次印刷
开本:710 毫米×1000 毫米 1/16
印张:12　字数:210 千字

ISBN 978－7－01－010576－5　定价:28.00 元

邮购地址 100706　北京朝阳门内大街 166 号
人民东方图书销售中心　电话 (010)65250042　65289539